麦读
MyRead

走向上的路　追求正义与智慧

献给我的妻子，菲利斯

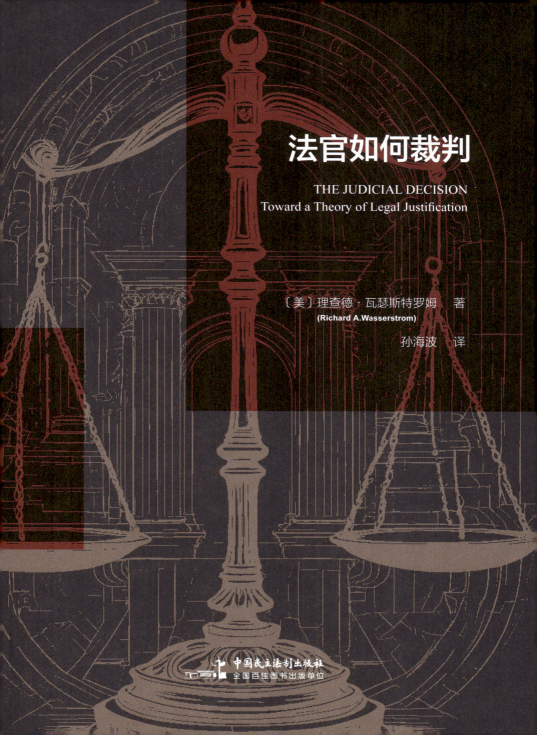

法官如何裁判

THE JUDICIAL DECISION
Toward a Theory of Legal Justification

〔美〕理查德·瓦瑟斯特罗姆　著
(Richard A.Wasserstrom)

孙海波　译

中国民主法制出版社
全国百佳图书出版单位

致　　谢

许多人曾阅读过本书早期的几个手稿，并提出了一些必要且妥当的批评和建议。正是由于他们如此慷慨给予的鼓励和帮助，才使本书能够以如此完善的形式呈现在读者诸君面前。需要说明的是，对于本书所可能出现的一切错误皆由本人承担。尽管如此，我对他们仍然心存感激，这里请允许我对他们表示感谢。

感谢威廉·弗兰克纳教授、保罗·亨利教授、密歇根大学哲学系的卡尔·科恩教授，以及密歇根大学法学院的斯宾塞·金伯尔教授！

感谢我的父亲阿尔弗雷德·瓦瑟斯特罗姆先生！

感谢哥伦比亚大学哲学系的欧内斯特·内格尔教授！

感谢加州大学洛杉矶分校哲学系与法学院的赫伯特·莫里斯教授！

感谢宾夕法尼亚大学法学院的利奥·莱文教授！

理查德·瓦瑟斯特罗姆

于帕洛阿尔托

1961 年 2 月 1 日

目录

第一章

导　　论

说每一个复杂社会都需要一套行之有效的法律体系，这无 **1**[*]
疑是老生常谈。而主张任何法律体系的一个重要功能在于裁判
案件，这当然更是一种同义反复。但是，认识到每一个社会都
必须拥有一套法律体系，并且该法律体系不可避免地要裁决案
件，这是一回事；而分析在裁判过程中所可能运用的各种程序
则是另外一回事。后者以某种方式提出了几乎令所有人更感到
费解的法哲学难题。与法哲学家们一直以来所关注的那些重要
问题紧密相连的是这样一个问题：应当如何来解决法律体系中
所出现的那些有待裁判的争议。

因此，人们会十分惊讶地发现，检视某个法律体系所应当
或可能用以裁决案件的各种可能程序，这一任务已经基本上被
法哲学家们忽视了。就目前学界对司法过程之性质所做的明确

---

[*]　本书页边码为英文原版书页码。

而又全面的分析来看，这些研究的背景通常是经验性的而非规范性的。法院在裁判中事实上所诉诸的各种标准，各个法院对于不同"法律渊源"所赋予的权重（weight），以及对于影响司法裁决过程的多种因素（通常并不为法官所意识到），学者们已经做了许多研究。然而，是什么构成了一种可欲的司法裁决程序？当人们完整地提出来这个问题的时候，并没有给予正面的回答。为什么某些类型的程序是不可欲的？对此法哲学家们已经陈述了他们的理由，尽管这种陈述通常是含混不清的。当他们自己所拥护的方案在随后的明确陈述中变得举足轻重时，他们往往会变得更加地含蓄谨慎甚至更加地含糊其词。

是什么能够决定一个裁决程序是最佳的裁决程序？未能直接地对这个问题加以讨论已经催生了一些严重含混不清的当代法哲学命题。由于这些命题的基本原理尚未得到清晰的阐明，因此，它对于一个可欲裁决程序的性质具有何种相关性与重要性，对此进行解释和评价将变得十分困难。在很大程度上，我的这项研究尝试将新近法哲学领域中的各种主张分门别类，继而对它们进行批判性的分析与评价。

二十世纪法哲学的大部分历史，大体上来说，就是一个被称作新法学运动（new jurisprudential movements）兴起的历史。出于对分析自然法和历史法学的旧有进路的不满，尤其是对一种"逻辑的""概念的"或"机械的"司法裁决程序的信奉所产生的不满，使得法哲学家和法律教师们开始呼吁法律思想上的变革。在欧洲，"自由裁决"（free decision）理论以及一种"利益法学"（jurisprudence of interests）学派蓬勃兴起。在美国，对于一种现实主义的、社会学的或者实用主义的法学的"呼吁"更是众人皆知。尽管这种呼吁十分强烈，但它时常远远不够清晰。

事实上，无论过去还是现在，对许多人们所提出的新理论来说，它们所使用的独特名称是十分含混不清的。比如说，呼吁建立一种现实主义法学，建立一种社会法学，建立一种利益法学，或者建立一种实用主义或经验性的法学。但是，这是在要求什么呢？是要求根据现实主义的标准、社会学的工具与发现或者实用主义的特色研究方法来分析特定的法律体系吗？如果是这样的话，如果我们可以把这些"学派"理解为用以研究某个法律体系的值得推崇的方式，那么它们确实是在进行一项正当的事业（legitimate enterprise）。但是，这并不是说它们因此就致力于关心法律体系应当如何裁决案件这个问题。另一方面 **3** 我们也可以这样理解，以上这几种主张的倡导者们提出了一些方法，它们可以用来帮助法律体系的某些或所有部门做裁决。事实上，他们的意思可能是说：法院在裁决案件时应当坚持一种现实主义的态度，或者司法机关和立法机关在履行其职责时应当学会运用社会学研究的内容以及社会学家所使用的方法，或者一个法官应当以一种实用主义的态度来裁决摆在他面前的案件。尽管这两种可能的计划——一种与法律研究相关，而另一种则与法律的发展相关——之间存在着一些明显的差异，但是人们几乎很少明确地阐明这种差异。诚然，倡导者们也曾预想过这些活动*的实施，比方说，他们曾相信人们应当以一种现实主义的态度来研究法律体系，并且以一种现实主义的方式来裁决案件。但是，对这两种计划的不同重要性不加区分只会导致模糊这样一个事实：即一个主张虽然支持了前者，但其很可能与后者并不一致。

由于该研究所涉及的问题在于法院应当如何裁决案件，故而前面提及的法哲学的各个"学派"只有被解释为提出了一个或一套应当如何裁决案件的程序，它们的贡献才开始凸显出来。但是，即便当我们将讨论的范围限制在这个更为狭窄的主题上时，现实主义法学、社会法学或者经验性法学的追随者的主张仍然是含糊不清的。比如说，几乎每个人都认为一种"机械的"或"逻辑的"司法裁决程序将有碍于法律体系发挥其正常的功能。人们普遍都同意，如果法律体系能够成功地发挥那些本应在当代社会发挥的功能，那么它就不能也不应当通过一种将一般性法律规则"机械地"运用于特定案件事实的方式来裁决案件。

一种"机械的"或"逻辑的"司法裁决程序是不可欲的，而正是这样一种信念，它的通常表现形式是模棱两可的。比如

---

* 就是前述提到的两种活动，一是如何学习和研究法律，另一则是如何运用法律裁决案件。——译者注

说，对于那种轻视依赖逻辑的做法，人们可能会将其解释为这 **4**
样一种方式，即它指出逻辑准则在本质上所涉及的是形式正确
性（formal correctness）而非实质可欲性的要件。也就是说，我
们可以这样来简单地解释一下这个观点：逻辑所关心的主要是
各个命题之间的关系，而不是它们自身的具体内容。由此，对
诸如一种现实主义法学的呼吁，可能就是要求承认这样一个重
要的事实，也可能是要求坚持如下这样一个观点，即伴随着法
律规则之内容根据现实主义的、社会学的或实用主义的理由的
不断修正，逻辑准则也应当相应地得到补充。

　　然而，对于一种新法学的"呼吁"，可能意味着很大的不
同，并且对于这一呼吁的坚定追随者而言，它毫无疑问亦是如
此。有些人对逻辑裁决程序投以了鄙夷的目光，而与此相伴随
的是这样一种观点，即认为司法机关应当系统地采纳和运用一
些在本质上非属逻辑性的司法裁决程序。尽管这一提议几乎很
少被十分清晰地阐述过，很明显其目的在于法官应当运用如下
方式来裁决案件，即这种裁决方式缺乏一些或者全部这样的特
征，即人们最经常把它们与那种不确定情境（problematic situa-
tion）的理性解决方案密切关联起来。正如对逻辑裁决程序的反
对可能不过只是认识到需要一套用以评价法律规则之内容和含
义的独立判别标准，同样地，对于法律中"理性主义"或者
"概念主义"的拒斥，也可能不过是提出案件应当以一种明显不
同于人们称为"未决诉讼的理性裁判"（reasoned adjudication of

pending litigation）的方式来裁决。由此，无论是对逻辑裁决程序所做的攻击，还是提出以一种现实主义或者社会学的裁判方法作为替代的主张，都非常缺乏一种清晰的说明。

然而在一种不同的语境下，对逻辑裁决程序的攻击可以被十分合理地解释为认识到了这样一个事实，即一项法律规则无法被"逻辑地"适用于那些不受其调整的案件。如果出现了一个"新型案件"（new case）或者"不受规则所调整的案件"（unprovided case），那么将没有规则能够径直地适用于那个案件并由此决定其裁决结论。但是同样地，对于一种"机械"法学的拒绝有时也隐含了一些更为深远的意义。这不仅意味着既存法律规则中没有什么内容可以径直地适用于新的案件事实，而且在某种程度上也意味着讨论法律规则对于任何案件（无论是新型案件还是普通案件）的可适用性是毫无意义的。

通过这项研究我想达到双重目的：一方面，想力图更加准确地描绘那种对理性裁决程序或演绎性裁决程序进行持续攻击的性质及说服力；另一方面，本研究还要尝试去评价"逻辑"裁决程序的批判者所提出或描绘的一些替代性方案。

上述这一任务存在着一些内在的困难。因为，人们无须过于通晓法律的细枝末节便能认识到任何法律体系惊人的复杂性；事实上，法律体系是如此的复杂，以至于一个严重的困境摆在了每个想要讨论它的人的面前。一方面，拥有丰富的法律经验感要以某种话语的模糊性为代价。另一方面，对于清晰性的追求将几乎不可避免地引入一种简单化的并因此矫揉造作的讨论语境（context of discussion）。我试着将分析的焦点置于这两个极端之间。我已经提出了一些关于法律体系的假定，它们可以帮助我们区分我所讨论的法律体系与生活中实际存在的法律体系。每当我想到它们的时候，就会力图让我的这些假定清楚明了。然而，同样我也通过使用一些说明性的案例和相关的材料，来尝试讨论在一些重要的面向上与我最为熟悉的英美法律体系相似的法律体系。

如果某个人既想探究"一种理性的裁决程序出了什么问题"这个特殊的难题，同时又想要探究"法院应当使用何种裁决程序"这个更为一般性的问题，那么他可以有很多种方式。我将挑选法院所可能使用的几种裁决程序，并依次检讨它们，以此来推进我们对司法裁决过程的研究。贯穿于本书的整个研究，我将讨论三种独特的"理想型"（ideal）法律裁决程序，力求廓清它们最为重要的特性并评价其司法适用后果。

至少在三层意义上，我们可以说这些司法裁决程序是理想 **6** 的。首先，正如前面所提到的那样，它们的理想性在于其并不是一种从经验主义的角度对如下现象所做的准确描绘，即任何法律体系中的所有法院以何种方式裁决全部或大多数案件。其次，其理想性也在于它阐明了那些常常被法院所运用的司法裁决程序的一些最为本质的特征。最后，在第三种也是最为重要的意义上，其理想性还在于它是作为一种包含了（某些人所主张的）法律裁决程序所应当拥有的那些特征而被提出的。

尽管这三种程序中的任何一种在某些方面都与另一种或另两种多少有些不同，但是我们可以运用一种我称之为特殊的"裁决规则"（rule of decision）将这三者区分开来。也就是说，除了那些为它们所各自独有的要素之外，每一种裁决程序都可以通过对一种特殊规则——该规则详细说明了在通常意义上什么能够被算作是以某种方式裁决案件的好理由——的适用被区分出来。通过明确适用这其中的任何一个裁决规则所引发的运作上的差异，成了评价每种裁决程序的分析核心。

这三种理想裁决程序中的第一种，可以被称作"先例程序"（procedure of precedent），原因在于它的裁决规则规定：所有特定案件的裁判都应当诉诸相关的、既存有效的法律规则（也就是先例）。由此，在一个这种裁决规则独自起作用的法律体系中，案件裁决的充分必要条件就在于发现裁决结论是由一些有约束力的先例（controlling precedent）所决定的。

一种仅仅运用这种规则的司法裁决程序已经被许多法哲学家拒绝了，他们的理由是这与一个成熟法律体系所应发挥的某种或某些功能不相适宜。事实上，这可能就是法哲学家们在轻蔑地讨论一种"逻辑的"或"机械的"裁决方式时他们头脑中所浮现的那种程序。因为法律规则在这样一种基于先例的裁决程序中发挥着如此重要的作用。许多法哲学家似乎也认为法律规则在法律裁决程序中无用武之地，因此案件的裁决不应当诉诸这些规则。

在第二种理想程序的讨论中，学者们清晰地描绘出了先例 **7**
裁决模式的许多替代性方案。我将这种程序称为"衡平程序"
（procedure of equity），原因在于它坚持认为个案应当诉诸适合于
特殊案件的正义或者公平标准而被裁决。这一裁决程序被作为
一种衡平程序的例证提出来，它拥有好几种形式，相应地它也
产生了各种各样的问题。同样地，尽管在某些重要的方面这些
衡平程序之间又各有差异，但是它们至少在以下这一点上是相
似的，即都坚持认为一个特定案件之裁判的充分必要条件，在
于发现所获得的裁决结果对于庭审双方当事人来说是最为正义
的或公平的。由此，与根据先例来裁判案件不同，衡平裁决程
序在特定时空条件下诉诸特定争议的是非曲直（merits）来裁决
案件。

与先例程序和衡平程序相关，第三种裁决程序兼顾了这二
者的独特属性，而同时又克服了它们所包含的一些重要缺陷。
简而言之，将这种裁决程序与其他程序区分开来的裁决规则与
先例裁决程序的裁决规则在以下这一点上是相似的，即二者都
诉诸一项法律规则（或者类似于法律规则之类的东西），并且这
是以某种方式裁决案件的必要条件。与先例程序的裁决规则不
同的地方在于，这种裁决程序对于规则的诉诸并不是任何特定
案件得以裁判的充分条件。此外，这一程序的裁决规则与衡平
程序的裁决规则的相似性在于，对正义的考量和对案件裁决结

论的正当性证成是直接相关的。但它与衡平性规则的差异是，一个特定裁决的充分条件在于一项法律规则（或者类似于法律规则之类的东西）的正义性，而不在于特定结论的正义性。由于缺乏一个更为适当的指称，权且将这一程序称之为司法裁决的二阶证成程序（two-level procedure of justification）。

话又说回来，二阶证成的裁决程序虽然能够成功地克服先例裁决程序和衡平裁决程序的某些较为严重的缺陷，以至于有些人可能会宣称这一程序可以摆脱其自身的一些困难。然而不幸的是，事实并非如此。因为，正如我在第七章对这一程序的讨论中所努力指出的那样，作为一种程序，它对其他两种裁判程序的改进不过是以牺牲某些关键性要点的明确性为代价。由此，我之所以给这本著作添加了"迈向一种司法裁决的证成理论"这个副标题，主要是顾及字面上的谨慎（literary modesty）而非哲学上的不确定。如果这种努力最终真的能够获得成功，那么其成功并不在于展现了关于所有案件应被如何裁决的任何确定理论，而是在于它揭示了某些法院可能用以裁判案件的更常见方式的一些隐含之意（implications）。

在正式着手对这三种程序进行分析之前，我们有必要阐明该研究的一些基本"简化的"假定。第一个假定和任何法律程序赖以运作的各种"要素"相关。整个研究假定：在现有法律体系内并无立法性的法律规则。也就是说，我们所分析的所有这些程序都缺乏相应成文法的规定。此处法院所能够运用的唯

——一种法律规则，就是那些能够或者已经被司法机关所创制的规则。为什么要做这个限定呢？我们可以简要地说明一下原因。一旦允许成文法规则进入司法裁决程序，那么复杂的政治理论问题就会随之出现。比如说，有些人可能认为法院应当始终适用立法机关所创设的法律规则，仅仅是因为在一个权力分立的政体下这是司法机关的职责所在。对这一论点的妥当分析，涉及对各种政体形式是否具有可欲性的考量，以及对政府各组成部分之间适当关系的考量。这些问题无疑是值得我们认真研究的，但事实上它们对于该研究所要达到的目的并无多大意义。

我的意思并不是说，如果我们给司法机关提供一个完备的法典或者一套成文法，"法官如何裁判"这一问题就会自动消失。成文法有时候是含糊不清或者模棱两可的；一些无法预料的情形总是会出现；某个特定的成文法可能仅仅指明法院在裁决案件时应当适用一些一般性的裁决程序。如果这些或者其他一些相关的考量被提出来，那么前面所讨论的与非成文法体系（这里主要是指判例法体系——译者注）相关联的许多问题，就会重新以类似的形式（如果不是相同形式的话）再次出现。尽管如此，在成文法清晰明了并且与案件相关的事实相对清楚的情形下，可以说存在着一种建立在立法至上原则或者权力分立原则基础之上的正当性，它要求法院应当根据成文法的规定来裁决案件。我并不打算对这种正当性进行检讨，而且这也很难运用于我所要讨论的那种司法体系——亦即那种获得授权既可

9

以明示或默示地制定法律规则也可以适用法律规则的司法体系。（然而在适当的时候，对于为什么要将立法排除在本研究之外，我会从其他一些方面提供正当性证成。）

　　本研究的第二个假定（或者说第二组假定）涉及某些问题是否存在，这些问题无疑与我们的讨论是相关的，并且在本研究的主体部分我只是间接地讨论它们。比如，有人提出既然最有影响性的争议都是在法庭之外得到"裁决"的，那么在任何关于法律体系如何解决冲突的分析中将过多的精力放在法院的功能上似乎是错误的。检察官在决定是否对一个刑事案件提起公诉时所行使的自由裁量权，警察在决定是否批捕犯罪嫌疑人时所发挥的作用，以及缓刑犯监督官的职能可能与对危害公共安全行为的处分而非举行一个更为正式的司法程序（或者说是参加一场法庭的刑事起诉）有更大关系。类似地，传统商业惯例中的一些法外手段（extra-judicial avenues）以及对于仲裁和保险的广泛依赖可能与许多商业冲突的解决而非传统上司法机关所运用的合同法有更大的关联。这些问题以及类似的其他一些问题，显然是很值得我们认真研究的。然而，为了能够更好地驾驭这一研究主题，我还是有意地将这些问题排除在讨论的中心内容之外，并且相反，我还假定此处所考虑的争议是这样一种争议：它通常被法院经由一种特有的司法裁决方式而处理。

10　　第三个重要的假定与这样一个问题有关，即一个法律体系所应当实现的某个或某些一般性功能是什么。尽管在该研究中我竭力对当代英美法理学中的某些命题提出了质疑，但我无意挑战以下这个普遍的看法，即在某些十分一般的意义上法律体系应当发挥着一种重要的功利性（utilitarian）功能。* 更确切地说，我将作出一个贯穿于该研究主体内容的假定：一个可欲的法律体系能够成功地为其所在社会中的成员的需求、欲望、利益以及期望得到的其他一些东西提供最大限度的满足。由此，该研究将集中关注这个十分一般性的目标与各种可能的司法裁决程序之间的关系。对这一目标的可欲性提出质疑当然是正当的，并且在某一章中我会简要地阐明这一研讨所选择的方向。然而，除此之外我不想说太多，这至少是出于以下两方面的考虑：第一，前面已经有所提及，我们尽可能审慎地将讨论的焦点集中于一个或者一组相对确切的问题。第二，就本研究的目的而言，对法律体系所具有的一种功利性功能的接受既是一种便宜之计也是一种承诺。也就是说，尽管该研究公然明确地关注各种可能的裁决程序与一个功利性目标之间的关系，在某种程度上这仅仅是因为：如果我们不是在一种没有语境的情形下

---

　　* 还应指出的是，"功能"这一术语是模棱两可的。作为一个描述性（descriptive）的语词，它意指在一个社会中法律体系实际上完成的作用、工作、任务或者服务。作为一个规定性（prescriptive）的语词，它意指法律体系应当给社会履行的作用、工作、任务或者服务。当我谈论法律体系最大限度地满足社会需求的功能时，我是在规定性的意义上使用这个术语的。也就是说，我的意思仅仅是说这是法律体系所应当实现的内容。

　　与此类似，很显然我使用"规范性"（normative）这一术语仅仅意指"与什么是有价值的相关"。我并不是用它来指示在任何特定时间所可能实际存在的标准。

进行评价活动，那么我们就必须要预先假定法律体系的某些目标或功能。至于对这些程序的评价所产生的许多结论有多大的说服力，在很大程度上独立于那些被认为具有可欲性的特定功能。由此，虽然有一些论证明显地可以归为接受或反对一种法律功利主义，但其他的论证则在逻辑上是独立的。

最后，我还想再多说上几句，我有意以一种十分一般性的语言来表达这个功利性原则；尽管还有许多复杂的和模棱两可的问题暗藏于功利主义的这种典型的模糊性特征之下，但在本研究中我可以在很大程度上安全稳妥地绕过这些问题。

第二章

一种演绎程序的可能性
——对一些问题的澄清

在这一章，我将讨论几种与法律裁决程序的性质相关的经
验性命题。正如前面所已经指出的，这项研究就其目的而言在
本质上是规范性的；它力图廓清和评价各种可能的司法裁决程
序。因此，它一上来就考虑一个在很大程度上具有描述性意涵
的问题，这多少让人觉得有些突兀。然而，这种怪诞名过其实，
原因在于此处我们所考虑的那些主张提出了一些难题，而所有
想要对司法过程进行规范性分析的论者都不可避免要面对它们。
因为这些主张常常不仅仅是描述性的，它们大都坚持认为某些
东西要么必须是这样的要么不能是这样的。

比方说，一些法哲学家已经提出，诸如英国或者美国这样
的判例法体系无法通过运用法律规则*这种方式来裁决特定案

---

　　* 当提及法律规则时，我的意思是指通常采纳如下形式的那种命题："合伙企业
的任何一个合伙人都应对合伙企业的整体债务负责。"我对"法律规则"（legal
rules）、"法"（law）以及"法律"（the law）这些术语的使用将在本书第 36 页至第
37 页（英文原书页码，即本书页边码——译者注）有进一步的讨论。

件。由于特定案件的事实所具有的独特性质，再加上作为推理之前提的法律规则的明显缺失，使得他们相信那些案件不可能通过诉诸这些规则而被裁决。

如果这一主张成立的话，对任何试图运用法律规则的司法裁判程序进行规范性研究的效用，就会受到严重的质疑。特别是，由于规则先验地构成先例原则的核心成分，对那种先例裁决程序所进行的富有成效的研究无疑从一开始就是有争议的。

当然，这并不意味着规范性研究除了评价给定事态以外毫无用处。除了"是什么"这个问题之外，"应当如何"的问题也是重要的和有意义的。但是关于事实与法律规则的主张有着一种更加深刻的意涵，原因在于它认为一种"规则适用导向"（rule-applying）的程序是无法获得实现或付诸实践的。一种对"规则适用导向"的裁决程序的分析或许仍然是有价值的，它作为一种典范时常被用于评价现实的体系。尽管如此，一种程序无论在何种情况下如果无法付诸实践，那么很显然它就不会具有太大的意义。即使是作为一种典范，与其他能够被如此运用于实践的程序相比亦是如此。可能性（potential）的领域比现实性（actual）的领域要广得多，这一点是很清楚的；而至于理想性（desirable）的领域并不包含在可能性领域的范围之内，这一点则是远远不确定的。单单出于这个原因，在对不同的司法裁决程序进行评价之前，我们有必要先来考虑一下这些主张。但是，对于我们为什么一上来就分析这些非规范性（non-normative）的命题，还有其他的一些理由。此处我们所论及的一些学者，都声称自己是在从事一种描述性的分析。因此，出于解释方面公平起见，我们不应改变这一既定的研究方向。然而，应当指出的一点是，在这里尽管我把某些观点作为一种本质上属于经验性的内容而提出来，并且尽管它们的作者都主张经验性的问题是他们首要的关注，但是他们自己在这些著述中实际上并未做出这种细致的区分。事实上，由于持续性地使用一些不精确的术语，这就导致我们在诸多事物中很难准确地确定描述性内容终止于何处以及规范性内容起始于何处（也就是说我们很难界定清楚描述性内容与规范性内容之间的界限——译者注）。

在某种真正的意义上，在这项研究中我所提出的许多观点可能既没有什么新奇之处也不会出人意料。通篇我力求澄清一些在我看来多少有些模棱两可的主张，它们主要是针对法律裁决程序及其构成要素的。很可能的是，我的结论和法哲学家们所一直（至少是含蓄地）宣扬的观点并没有什么不同。另一方**14**面，许多法哲学家在阐述其观点时所表现出来的含混性，使得我们同样有可能认为他们提出了一些完全不同的提议。以对这些多样化的哲学观点的解释作为切入点，可以让我们更加容易地指出这些模棱两可的解释和论证在何处还有待进一步的澄清，以及在何处我们还需要探索出一些替代性的解释。比如说，正如我们先前所指出的那样，一种演绎性的或逻辑性的裁决程序的特点所受到的批判通常要多于其得到的解释。由此，在对一种"演绎性"裁决程序或者其替代性程序进行评价之前，必须先要清楚地描绘这种"演绎性"裁决程序通常所包含的各种构成要素。

演绎性理论及其批评者

司法裁决过程的性质这个问题几乎所有的法哲学家都讨论过，实际上它所涉及的问题是：法院是否能够通过一种演绎的或逻辑的方法获致裁决结论。许多法哲学家已经开始将演绎性理论——亦即被认为是描述了（或提出了）一种在本质上属于演绎性或逻辑的司法裁决程序的理论——看作是一种清晰地或连贯地思考司法裁决程序的首要障碍。这一理论的批评者给它贴上了各种不同的标签，比如说称其为"法律原教旨主义"（legal fundamentalism）、"形式主义"、"演绎主义"、"留声机式的法律理论"、"机械法学"、"自动售货机式的法学"以及其他许多诸如此类的称呼。[1] 然而，批评者在不断地给这种理论进行贴标签的同时，却并没有说明该程序具有什么样的特征以及

---

[1] 参见 Frank, *Law and the Modern Mind*. New York: Tudor Publishing Co., 1936; Pound, "Mechanical Jurisprudence," 8 *Columbia Law Review* 605（1908）; Cohen, *Law and the Social Order*. New York: Harcourt, Brace, 1933; 以及 Bodenheimer, "Analytical Positivism, Legal Realism, and the Future of Legal Method," 44 *Virginia Law Review* 365（1958）。（为了阅读方便，在中文版排版时将原文尾注一律改为页下脚注。特此说明！——译者注）

我们为何应当对它表示拒绝。事实上，正如我们已经注意到的那样，对在司法裁决过程中运用逻辑的普遍攻击可以被肢解为一个或更多的主张或假定。

　　比如说，一种演绎性的裁决程序是什么样子的？这种演绎性的裁决理论包含什么内容？在许多批评者的眼中，演绎性理论意味着这样一种司法裁决程序，其中所有案件都是通过诉诸一种确定的、不变的和完全具有可预测性的规则而被裁决的。在某种意义上，人们认为这种理论隐含了如下这样一个假定，即"现存的法律体系是一张'无缝之网'（gapless system），对于任何新案件我们都可以通过演绎的方法在现有的法律体系中找到答案"。[2] 很明显，在这种体系中与案件相关的法律规则能够充当三段论推理的大前提；而描述特定案情的事实可以充当三段论推理的小前提；此外，根据亚里士多德的逻辑三段论能够推导出结论，由此法官可以将该结论作为法院对特定案件的裁决而加以宣布。似乎唯独法官最有资格做出判决，因为他知道许多规则的内容是什么，知道在哪里可以容易地找到其他的一些规则，以及如何运用逻辑的准则去辨识有效的论证。

　　演绎性理论的批评者也指出，这种理论必然否定如下二者之间的关联，即对正义的考量与对作为大、小前提之命题的选

---

　　[2]　参见富勒为《利益法学》一书所撰写的导论，Schoch, ed., *The Jurisprudence of Interests*. Cambridge, Mass. : Harvard University Press, 1948, p. xix。

择和作为特定案件之裁决结论的选择。[3] 相应地，由于法官唯一的职责就是将既有的法律规则适用于特定案件的事实中去，如此一来演绎性理论就被认为蕴含了这样一种观点，即法官绝不能涉足造法的领域。由此，当哲学家断言演绎性理论是不可接受的时候，其中他们所攻击的是一种法官永远不能制定或改变法律规则的程序，是一种法官在司法过程中绝不扮演任何"创造性"角色的程序，是一种仅仅只与形式逻辑的准则有关系的程序，是一种似乎无法确保正义能够在所有的甚或大多数案件中得到实现的程序。这么来理解的话，如果演绎性理论正确地描述了英美法律体系的（哪怕只是其中的一些）特征，那么这无疑给我们提供了一些严厉斥责英国或美国法院案件裁决之方式的理由。

为了推进他们的批评，演绎性理论的对手们几乎无一例外

---

〔3〕 就对演绎性理论的坚持来说，我们可以在富勒对兰德尔的评论中找到一个相对来说并不是那么含混的例子，富勒说，当兰德尔"面对如下这种主张时，即法律体系所要求的某个结果与'实质正义以及合同双方当事人的利益相悖'，兰德尔泰然自若地回答道：这种对价考虑是'不相关的'"。（见前注富勒文）

另外，我并不是主张我们无法找到类似的司法见解（judicial pronouncements）。比如说，在格鲁克诉巴尔的摩（*Gluck v. Baltimore*，81 Md. 315，32 A 515，1895）一案中，我们可以理解法院是在主张对既有规则的"逻辑"适用比该规则所可能产生的后果更加重要。审理该案的法院注意到："如果一个原则明显是有意义的，那就应当按照逻辑所指引的方向适用，而不用管它将产生什么样的结果。它在某些情形中的适用可能会因此带来一些明显的甚至是真实的不和谐或危险，但这并没有说明它在本质上是有害的。它在特殊案件中的后果永远都不能作为指责其准确性的理由。"

正如我所说的，这种明确的主张远远不及人们假定的那样普遍。

地将霍姆斯法官的话作为他们开展攻击的最佳起点。"一般命题 **16**
并不决定具体结论"的附带意见（dictum），以及"法律的生命
一直在于经验而非逻辑"的主张，[4] 已被用以表明法律规则并
不是法院赖以裁决特定案件的方式。这些格言有时被理解为是
在表达这样一种意思，即认为将规则逻辑地适用于案件事实并
不是真正使案件得以裁决的程序。并且，它们也被解释为是在
要求对普通法法院进行一种现实主义的——并因此是准确
的——研究。

批评者认为，一旦我们采取了这样一种分析，人们便能轻
易地发现法院事实上已经设法回应了新的事实情境和不断改变
的压力。此外，人们会问，"不着手进行社会和伦理的调查，仅
仅通过一种可能必要的逻辑演绎程序，何以能够从一些与当下
问题不具有共时性（non-contemporaneous）的前提中推导出能
够很好地适用于当下问题的结论呢?"[5] 答案很简单。演绎性
理论是一种对法院事实上以何种方式裁判的不充分的和十分不
准确的解释。并且很显然，无论是在过去还是现在，法院都未
曾运用一种"依规则推理"的形式程序来裁决特定的案件；相
反，他们的审判方法论在过去一直是并且在将来也继续是一种

---

[4] 参见霍姆斯法官在洛克那诉纽约州（*Lochner v. New York*，198 U. S. 45，
76，1905）一案中的异议意见。另外，参见 Holmes，*The Common Law*. Boston：Lit-
tle，Brown，1881，p. 1。

[5] Stone，*The Province and Function of Law*. Cambridge，Mass. ：Harvard Uni-
versity Press，1950，p. 170.

独特的非演绎性程序。

司法判决的语言主要是一种逻辑语言。并且逻辑的方法和形式迎合了人们内心对于确定性（certainty）和安宁（repose）的渴求。但是，确定性通常而言只是一种幻想，而安宁也并不是人类的宿命。在逻辑形式的背后，实际上存在着一个对相互竞争的各种立法理由（legislative grounds）之相对价值与重要性的判断，并且这常常是一种难以言喻的和无意识的判断，确实是这样的，它构成了整个司法过程的根基和命脉。[6]

为什么需要这么长时间才能看出这种演绎性理论的缺陷呢？又由于普通法法院已经开堂断案达 750 年之久，缘何这种演绎性理论的错误性一直到二十世纪仍然隐而不显呢？我们很快就能找到答案。如果人们只看法官所撰写的附在判决书中的意见，17 那么这很难会令他们想到裁决程序根本不是演绎性的。因为英美判例法体系的一个奇特之处在于，无论某个特定的裁决事实上是如何获得的，法官似乎都感到有必要让这个裁决看起来是由先在的规则所决定的，具体而言该裁决是某个先在规则的逻

---

〔6〕 Holmes, "The Path of the Law," 10 *Harvard Law Review* 8（1897），465-466.

辑适用的结果。[7] 然而，我们必须还要再补充一点，也就是说将任何种类的险恶动机归结于法官身上都是不正确的。法官不需要刻意地向世人隐瞒其裁决过程的性质。他们的判决意见模糊而不是阐明了司法过程，这一事实表明对演绎性裁决模式的偏离悄然无声地发生着。[8]

有人主张，法院事实上——但并不是在他们的判决意见中——已经使用了一种非演绎性的、非规则适用型（non-rule-applying）的裁决程序，这只是一个经验性的预设（empirical premise），可能还有待通过对"在特定案件中法官事实上做了什么"的仔细分析而获得证实。

那些对演绎性理论持批判性态度的人，已经在相关的文献中提出了为数众多的例子。杰罗姆·弗兰克*指出，美国联邦最

---

〔7〕 "演绎性理论是不妥当的"这个观点的一些倡导者，一直试图给出一些进一步的理由，用来解释法官为什么要掩饰他们做出裁判的真实方式。（在弗兰克的著作中，我们可以找到一个最引人注目的和最具争议性的解释。参见 Frank, *Law and the Modern Mind*. New York：Tudor Publishing Co., 1936, pp. 13-20。）然而，弗兰克和其他学者所忽视的一点是，这个解释与"裁决过程事实上是否为'演绎性的'"那个问题是完全无关的。

〔8〕 Stone, *The Province and Function of Law*. Cambridge, Mass.：Harvard University Press, 1950, p. 170；Frank, *Law and the Modern Mind*. New York：Tudor Publishing Co., 1936, pp. 9, 24.

* 杰罗姆·弗兰克（Jerome Frank, 1889—1957），美国著名法学家，法律现实主义运动的代表人物，曾担任过美国联邦上诉法院的法官。其代表作是《法律与现代精神》，认为法律规则是极端地不确定的，不仅如此，就连案件事实也是模糊不清的，这就是他著名的"规则怀疑论"与"事实怀疑论"。——译者注

高法院对于谢尔曼法案（Sherman Act）* 的解释方式就是一个很好的例子。在 1911 年之前，法院一直拒绝将这个法案解释为仅仅只适用于不合理的贸易限制。然而在 1911 年所裁判的两个案件中（新泽西标准石油公司诉美利坚合众国案和美利坚合众国诉美国烟草公司案），[9] 联邦最高法院明显地转变了自身的立场，并且主张该法只应仅仅适用于不合理的贸易限制。在弗兰克看来，此处有意思的并不在于联邦最高法院改变了其立场这个事实，而是在于怀特大法官（他所代表的是联邦最高法院）"变得十分地谨慎起来，以避免承认法院能够修改法律并且因此使法律变得反复无常和变幻莫测"。[10]

类似地，在朱利叶斯·斯通**看来，"隐秘的提东指西的法律范畴"（legal category of concealed circuitous reference）就是一个很好的例子，可以用来说明法院运用了一种使得司法裁决程

---

　　* 也称谢尔曼反托拉斯法，是美国国会 1890 年制定的第一部反托拉斯法，也是美国历史上第一个授权联邦政府控制、干预经济的法案。因由参议员约翰·谢尔曼提出而得名，正式名称是《保护贸易及商业免受非法限制及垄断法》。该法一共有 8 条，但对于诸如"贸易""联合""限制"等关键术语词义不明，为司法裁判中法官的解释留下了广阔的空间。——译者注

　　[9]　*The Standard Oil Co. of New Jersey v. United States*, 221 U. S. 1 (1911)；*United States v. The American Tobacco Co.*, 221 U. S. 106 (1911).

　　[10]　Frank, *Law and the Modern Mind.* New York：Tudor Publishing Co., 1936, p.24.

　　** 朱利叶斯·斯通（Julius Stone, 1907—1985），是世界著名的法学家，曾任哈佛大学、悉尼大学、加州大学等教授，在法理学和国际法方面著述甚丰。他提倡建立一种综合性的法理学，认为法理学应当包含逻辑、正义与社会事实。——译者注

序的真实性质变得隐晦不明的论证方式。[11]　在多诺霍诉史蒂文森案（*Donoghue v. Stevenson*）[12]　中，法院面临的是一个涉及"注意义务"（duty）和"过失"（negligence）的侵权案件。法院得出了一个用以判断是否存在着一种义务关系（duty relationship）的标准。法院判决道，我们对于我们的"邻人"（neighbors）负有一项义务。并且更进一步地，什么是邻人呢？邻人就是这样一些人，"他们是如此紧密和直接地受到我的行为的影响，以至于我在考虑从事这些受到质疑的作为或不作为时，应当合理地考虑到他们可能会受到这样的影响"。但是斯通认为，法院对这种义务关系的解释只是通常被看作是用来判断过失的一个方面。由此看来，就法院将义务关系看作是过失问题的首要前提来说，这两个问题事实上似乎是完全相同的（identical）。由此我们可以推断出，"如果'义务关系'这一要求仅仅只是对'过失'要求的同义反复，并且如果法院仍然想要以不存在义务为由而免除一些被告的'过失'责任，我们应当能够十分清晰地再次看到这样一点，除了通过演绎性逻辑表面上（ostensibly）所使用的范畴中推导出裁决结论之外，还存在一些关于案件实

18

〔11〕　Stone, *The Province and Function of Law*. Cambridge, Mass. : Harvard University Press, 1950, p. 181.

〔12〕　[1932] A. C. 562.

际上如何被裁决的决定性因素"。[13]

那些反对演绎性理论的主张，并没有因为提出了一些能够显示司法裁决过程运用了非演绎性程序的例子而就此止步。它还进一步主张，演绎性理论无法解释不成文法体系（nonstatutory system）的三个必要特征。第一个特征与"应当将什么看作是一个案件的事实"这个问题相关。一些人主张，确定案件事实是演绎性理论的一个必要前提，并且法院只能将前案所确立的规则适用于与某个或某些更早的案件具有相同案情的案件之中。即便是认为某项法律规则是由一个先前的案件所确立的，这个规则也仅仅适用于后来与那个案件具有相同事实的案件。但是，如果我们假定这是演绎性理论的必要条件，那么这种程序便无法描述法官裁决法律争议的真实方式。因为，很明显的一点是，任何两个案件不可能在所有的事实细节方面都是相似的。最起码在争议发生的时间和地点方面总是不同的。因此，可以得出结论说，法官不应受到先前案件的"约束"，这是因为事实上不可能存在与眼前案件一模一样的先前案件。由此我们可以推断，法院一定运用了一些无须要求两个或更多案件之间具有相同关

---

〔13〕 Stone, *The Province and Function of Law*. Cambridge, Mass.：Harvard University Press, 1950, pp. 181–182. 引文中的着重符号是笔者所添加的。对于其他用以证成法律裁决程序不具有演绎性特征的例子，请参见 Llewellyn, "The Rule of Law in Our Case—Law of Contracts," 47 *Yale Law Journal* 1243（1938）; Llewellyn, "The Status of the Rule of Judicial Precedent," 14 *University of Cincinnati Law Review* 208（1940）; Levi, *An Introduction to Legal Reasoning*. Chicago：The University of Chicago Press, 1949; 以及 Radin, "Case Law and Stare Decisis," 33 *Columbia Law Review* 199（1933）。

系的裁决程序。

如果这个反对意见还不能从根本上说服我们，那么另一个反对意见无疑可以做到这一点。它所涉及的主要问题是，如何将任何一个具体的案件归入某类特定的案件之列。因为，即便**19**我们假定存在着一些精确的法律规则可供法官选择适用，但也只能在待决案件已经被归入某类受特定规则调整的案件之列后，才能够如此适用这些规则。由此，法官在任何特定的案件中所作出的裁决，并不取决于法律体系中的特定规则，而是取决于法官对案件事实所做的特性提炼和类别归属。并且，再一次地，由于这种特性提炼的过程并不是一种逻辑的或演绎的过程，所以我们可以得出结论说：为了得到最可欲的后果，只要法官愿意，他想怎么描述案情就怎么描述。[14]

每当法官试图确定某个案件所确立的法律规则是什么的时候，就会面临一种类似的问题。为了说明这一点，演绎性理论的批评者们还提出了一种相似的主张。根据演绎性理论——并且，事实上，通常根据判例法理论——一个先例裁决中仅仅具

---

〔14〕 比如说，参见 Radin, *Law as Logic and Experience*. New Haven：Yale University Press, 1940, p. 51；Oliphant, "A Return to Stare Decisis," 14 *American Bar Association Journal* 71 (1928), 72-73；另外，弗兰克指出："在一种更加深刻的意义上，几乎任何一个案件的独特特性都足以使其自身成为一个'不受既有规则调整的新案件'。"参见 Frank, *Law and the Modern Mind*. New York：Tudor Publishing Co., 1936, p. 268 注。

有"约束力"的部分是判决理由（ratio decidendi）*。"任何法院所做的任何裁决中唯一具有权威性的部分，被称作判决理由。人们通常认为判决理由对于解决诉讼当事人双方之间的争论是必要的。"[15] 根据演绎性理论，法院实际上所运用的法律规则因此仅仅只是那些对于裁决特定案件来说是必要的规则。

演绎性理论在描述性方面的缺陷现在已经十分明了了。因为，正如一贯坚持的那样，很明显我们可以获得"一系列彼此相应的法律命题，当我们从连续的事实状态中越走越远以及在不断的分类过程中囊括越来越多的事实情境时，它们中的每一个都会变得越来越一般化"。[16] 如此一来，判决理由的预期效果必然成为一种幻象。我们可以从先例的判决根据和意见中得出任何想要得到的法律规则，并且该规则既可以被恰当地看作是判决理由，也可以被恰当地看作是其他任何种类的规则。后

---

　　* 在普通法领域中，遵循先例原则（doctrine of stare decisis）的一个重要内容是区分技术，即区分一个先例裁决中的判决理由（ratio decidendi）与附带意见（obiter dicta）。其中判决理由是一个先例裁决中的法律规则或法律原则，是对系争案件之裁判的达成必不可少的内容，而正是这一部分内容对于后来的案件的审判才具有拘束力。相比之下，附带意见并不是判决的必要组成部分，仅是对案件事实或法律适用的一般情况所做的说明，它只有说服力而不具有约束性。但在后来案件的审判中如果一个先例中的附带意见被法官当作裁判根据采纳，该附带意见随之就转变成了一个新的判决理由。关于遵循先例原则的内容在本书第三、四章作者还会有更加细致的讨论。——译者注

　　〔15〕 Allen, *Law in the Making*. 5th ed. . Oxford：Clarendon Press，1951，pp. 241-242.

　　〔16〕 Oliphant，"A Return to Stare Decisis，" 14 *American Bar Association Journal* 2（1928），72.

案的法官想要先前的案件具有什么内容它就具有什么内容。由
此在某种真正的意义上，在特定案件中"决定"（dictate）具体
结论的法律规则，也必然只能在裁决作出之后才能存在。能够
调整任何案情的法律规则从来都不存在，也就是说只在某个案
件获得裁判之后才能确定该规则。司法裁决过程的真实特征在 **20**
于，法官可以选择在他看来适宜于眼前这个案件的规则，以及
作出关于如何描述这个案件之特征的决定。而这两个方面的问
题都是无法通过使用逻辑或演绎的方法所能够解决的。

　　由此，正是这种对法院事实上做了什么的分析以及这种对
法院所不可避免地使用的材料之特性的描述，使得人们拒绝将
法律推理的演绎性理论当作一种对司法裁决过程的正确描述。
在大多数情况下，讨论到了这一点就止步了。它们只是略微提
及了一些替代性的解释，而并未对此进行深入展开。就它们对
司法过程性质所提出的正面描述（positive description）而言，至
少可能涉及了三个方面的问题。

　　但首先我们需要澄清的一点是，之所以没有紧接着提供一
个极其简要的概述，主要是为了避免人们争论这些描述性的概
括是否正确。相反，它们的提出仅仅是为了表明人们对于"如
果法院并没有运用规则裁判案件，那他们使用了什么呢？"这一
问题的不同态度。正如下文所表明的，无论是对演绎性理论的
拒绝，还是对以下三种或其中任何一种描述的接受，在很大程
度上都建立在对刚刚所提出的那个问题的过分简单化处理的基

础之上。*

有些人主张，对于"何者是一个特定案件的公正解决方案"的预感（hunch）或直觉是司法过程中的一个至关重要的因素。[17] 如果人们准确地理解了法院所运用的裁决程序，那么他们必将忽视法官所撰写的判决意见，而相反只是专注于法官在具体案件中所做出的实际判决结果。并且，他们会发现"法院主要是受到一种必然之事（surer thing）的支配——也就是说受到一种对于'何者是妥适的问题解决方案'的直觉的支配，而非受到前辈们的文章、著述的支配"。[18] 讨论将法律规则适用于案件事实的判决意见，是一种关于案件真实裁判方式的彻底具有误导性的解释，因为真实裁决过程是直觉性的而非演绎性的。

正如我们所已经看到的，杰罗姆·弗兰克也赞同这样一种观点，认为司法裁决过程并不是一种独特的逻辑运作。他也主张法官通常是从他所认为正当的结论入手的，只是到后来他才

---

* 此刻以简略的形式提出这些理论，还有另外一个原因。尽管在这里我们将它们看作一种在本质上纯粹只是描述性的，但对于它们的作者是否愿意这样看待就不得而知了。事实上，正如我们一开始所指出的那样，它们其实也包含了一些强烈的规范性意涵。然而，对于这一方面的分析留待第五章来完成，在那里我们将会更加细致地讨论这些理论。

[17] 尤其参见 Hutcheson, "The Judgment Intuitive: The Function of the 'Hunch' in Judicial Decision," 14 *Cornell Law Quarterly* 274（1929），以及 Hutcheson, "Lawyer's Law and the Little, Small Dice," 7 *Tulane Law Review* 1（1932）。

[18] Oliphant, "A Return to Stare Decisis," 14 *American Bar Association Journal* 2（1928），159. 引文中的着重符号是笔者所添加的。

试着通过说明这一结论必然是从"相关的"法律规则中推导出来的而使其获得合理性。然而，弗兰克并没有将正义的预感或直觉作为司法裁决中的决定性因素排除在外。相反，他主张事实上在任何特定案件中所运用的裁决程序只有诉诸"那些裁判者（他们的推理和意见有待解释）的独特个性（peculiarly individual traits）"[19] 才能获得正确的描述。简而言之，法官的个性（personality）是理解案件如何裁判的关键。

对此，还有第三种关于司法裁决程序的观点，它主张法官对于案件事实的情绪性反应（emotional reaction）在本质上决定着案件裁决的做出。[20] 再一次地，在司法意见中法官所援用的法律规则并不是实际做出裁决所依赖的标准。相反，这些规则仅仅只是法官用以揭示自己为何做出某个特定结论的语言工具（linguistic vehicle）。如果某个法官想要通过一系列法律后果来影响双方当事人，那么他便会宣布一项能够产生这些后果的法律规则；如果他想要得到一个相反的规则，那么便会宣布一个不同的规则。简而言之，法律规则不过只是法官欲望的一种表达

---

〔19〕 Frank, *Law and the Modern Mind.* New York: Tudor Publishing Co., 1936, p. 106.

〔20〕 比如说，对于这种立场请参见 Stoljar, "The Logical Status of a Legal Principle," 20 *University of Chicago Law Review* 181 (1953), 以及 Williams, "Language and the Law," 61, 62 *Law Quarterly Review* 71 (1945)。

而已。[21] 而正是他的欲望或偏好事实上促成了最终的判决。简要地说：英美法律体系回应了整个社会的需求和欲望，从这个前提出发得出了如下结论，即由于这个原因演绎性理论必然不能成为一种对司法裁决程序——法院在对特定案件的裁判中所实际使用的程序——的准确描述。此外，演绎性理论也必然是一种对不成文法体系的错误解释，因为它：（a）未能注意到这样一个事实，即没有任何两个案件是完全一模一样的；（b）未能意识到对于案件事实的描述过程虽然是很重要的，但它所运用的是一种非演绎性的程序；以及（c）未能认识到并没有什么先在的法律规则能够约束着法官。最后，提出了三种对司法裁决过程的替代性描述：第一种主张直觉是法官赖以裁决案件的程序，第二种坚持法官的个性是司法裁判中起决定性作用的要素，而最后一种则认为法官实际上是根据他的情感或偏好裁决案件的。

对批评者的一些批评

前面对演绎性理论的批评性观点的展示，正好表明了有关

---

〔21〕 Williams, "Language and the Law," 61, 62 *Law Quarterly Review* 71 (1945), Part V, § 8. 然而，由于威廉姆斯从未清楚地表明法律规则所表达的是谁的意志和欲望，因而他对于法律规则的分析是模棱两可的。有时他似乎认为法律规则所表达的是法官的意志和欲望（参见第 397 页）。而有时他的意思似乎在说，法律规则所表达的是为法官判案制定可供适用规则之人或人群的意志和欲望（参见第 398 页）。此外还有一些时候，他主张一项规则唤起了其他人的欲望或情感（参见同上）。

逻辑在法律中之作用的讨论存在着一些混乱。在判定法院是否已经使用、能够使用或应当使用一种演绎性程序之前，更加清晰地描述相关问题是至关重要的。

正如我们先前所已经指出的，除此之外，演绎性理论的批评者还试图唤起我们注意这样一个事实，即在任何明显的意义上使得演绎推理有效和无效的规则都不能用来评价推理之前提或结论的内容。因此，我们似乎可以推断出这样一个结论，即说得好听一些，任何将司法裁决过程描述为一种完全演绎性程序的理论都是不完整的（incomplete）。为什么这么说呢？其实原因非常简单，因为这些理论必然忽视对"以何种方式来选择作为推理的前提"这个问题进行描述。与此同时，许多法哲学家还将一个命题——作为演绎推理之大前提的法律规则必定是预先存在的（pre-existent）和一成不变的（unchanging）——也归之于演绎性理论。由此，他们主张演绎性理论不仅仅是不完整的，同时也是不正确的。

英国或美国的法院是否曾经坚持一种仅仅以先例作为基础的裁决程序，眼下对于这个问题的讨论并不在我们的研究范围之内。然而，如果法院愿意的话它们本来是否可以这样做，对以上这个问题的追问则是与本研究相关的。（对于我们的研究目的来说）更为相关的一个问题在于确定它们是否应当运用这种裁决程序。在后面我们对这些问题都会有所讨论。但此处需要指出的一点是，在一种"使用形式逻辑的准则评价推理之前提

23 与结论之间的关系"的程序与一种"从大量已被制定并得到明确表达的法律规则中获得所有推理的前提"的程序之间并没有任何必然的关联。演绎推理既不能提供也不能评价命题的内容，这的确可能是正确的，但并不能由此得出如下结论：一种试图将演绎推理用作"检验"论证是否有效的程序因此就应致力于运用能够推导出这些论证前提的任何特殊方法。法院不可能通过演绎推理来确定选择何种推理前提，但这本身并无法说明法院不会将演绎推理用作评价他们所从事的论证是否有效的一种方法，这同样也无法说明法院必然依赖大量的预先存在的法律作为其推理前提的来源。

迄今为止演绎性理论仅仅被证明是不完整的，许多法哲学家无疑都将会同意这一点。尽管他们可能很快会补充到，演绎性理论（当被如此限定的时候）现在已经不再是一种对于案件应被如何裁判的有趣描述。因为，他们会主张，如果一种理论无法向我们解释作为推理大前提的法律规则是如何选择出来的或者作为推理的小前提是如何从案件事实中"产生"的，那么它就遗漏了对几乎所有在司法裁决过程中具有真正决定性的因素的描述。法院一旦进行演绎推理便会运用形式逻辑的准则，这也许是事实，也许不是。但是，由于他们并不是而且事实上不可能通过使用这些规则来获得推理的前提，演绎性理论充其量只有助于法官关注一些次要的而非核心的事项。

如果以上这些观点构成了对演绎性理论准确性的主要反对

意见，那么这相对来说也是无伤大雅的。但是，演绎性理论的
许多批评者——他们以最轻蔑的态度讨论一种逻辑裁决程序的
可能性——显然想要表达一种更强的观点。并且，我认为，他
们只有犯下某种错误才能做到这一点，这种错误遍及于大多数
有关逻辑在法律中具有何种地位的讨论之中。在这里我们将那
种错误称之为非理性主义的谬误（irrationalist fallacy），它主要
表现为：将"某个论证在形式上是否是有效的"和"是否存在
着充分的理由令我们相信某个命题为真或为假"这两个不同的
问题混为一谈。他们十分正确地认识到，形式逻辑的准则无疑 **24**
只具有非常有限的适用性。然而却十分错误地推导出来这样一
个结论，即认为所有无法依靠形式逻辑解决的问题都不能通过
任何能够称得上是"合理的"或"逻辑性的"方式获得解决。
在他们看来，对于形式逻辑的诉诸等同于对一种理性（rationali-
ty）或合理性（reasonableness）标准的诉诸，因此他们的结论
是：由于法院不可能使用形式逻辑来挑选或形成推理的前提，
所以它们在做这些事情的时候不可能诉诸任何理性的或客观的
标准。那些强烈主张演绎性理论是完全错误的哲学家或许并没
有完全认真地对待这个问题，但是他们的确说过司法裁决过程
中所产生的大多数重要问题必须以一种独断性的（arbitrary）方
式被解决，这是因为这些问题无法通过诉诸形式逻辑的准则而

被解决。[22] 然而，将一种逻辑性的或演绎性的裁决程序与一种最要求充分理由或具有说服力的理由的裁决程序对立起来是一回事；而将逻辑的标准或理性主义的标准与那些感觉（feeling）、情感（emotion）、情绪体验（sensory experience）或者未经分析的个人偏好（unanalyzed personal prediliction）的标准对立起来，

---

[22] 我将下面的这类论述看作是一些可能的例证：

"然而很有可能的是，如果我们为从证据到所要证成的案件事实设计出了一套技术上准确的逻辑规则体系，那么我们肯定能够掌握这些事实——时刻谨记，只有对相关事实的选择才是可能的或可以尝试的——的意识并不会有太大的提升。即便是运用比现在我们所拥有的还要缜密得多的技术，我们的描述和假设将仍然是独断性的。" Radin, *Law as Logic and Experience*. New Haven：Yale University Press, 1940, p. 58. 引文中的着重符号是笔者所添加的。

"那么，在逻辑的掩饰之下，我们所拥有的是一种纯粹独断性的方法。作为一种方法这并不会招致什么异议；对它的批评在于将逻辑适用于适当的经验范围内。" 引自 Oliphant 和 Hewett 为《从物理学到社会科学》一书所撰写的导论，请参见 Rueff, *From the Physical to the Social Sciences*. Introduction by Herman Oliphant and Abram Hewitt Baltimore, Johns Hopkins Press, 1929, p. xxi. 引文中的着重符号是笔者所添加的。

"根本就不存在什么规则能够迫使法官去遵守一条老规则，或者能够帮助你预测法官何时会用一条新规则来阐明其结论，或者能够依此帮助法官决定什么时候可以将某个案件当作一条老规则的例外来看待，或者帮助法官决定究竟选择哪一条老规则来解释或引导自己的裁决。" Frank, *Law and the Modern Mind*. New York：Tudor Publishing Co., 1936, p. 128. 引文中的着重符号是笔者所添加的。

则完全是另外一回事。[23]

这里，我并不是主张要将演绎性理论解释为这样一种理论：它将法院说成是拥有着充分的理由选择其推理、论证的前提。我也不是主张，事实上过去或现在存在着一些客观性标准，可供法院用以解决各种仅仅凭借三段论所无法解决的问题。就此而言，我的意思也不是说对于"提出充分的理由"或"诉诸客观的标准"的讨论可以摆脱含混不清。我仅仅只是主张，如果许多法哲学家从形式逻辑或演绎性逻辑的有限功用性推断出司法裁决过程的独断性，那么他们无疑是错误的。将司法裁决过程描述成一种完全演绎性的过程可能是没有太大意义的。但是，由此主张法院不能（并且也不应当）运用一种或一系列容许对

---

〔23〕　霍姆斯大法官《普通法》一书中的那段著名的文字就表明了这样一种主张，人们对于它可以做出各种各样的解释。这段文字写道："法律的生命一直在于经验而非逻辑。为人们所感受到的一个时代的迫切需求、主流的道德和政治理论、对公共政策的直觉——无论是公开的还是下意识的，甚至是法官与其同行们所共持的偏见，在决定赖以治理人们的规则方面的作用要远远超过三段论推理。"

即便我们将这段文字看作是一种对法官如何裁判的纯粹性描述，仍然不难理解为何应确立这种特定的联结。如果三段论与法律规则的确定并没有什么太大的关联，那么为何决定性因素必定是诸如"迫切的需要感""直觉"以及"偏见"之类的东西呢？假定霍姆斯的意思并不是想说这些东西具有决定性的意义，因为三段论本身并不是决定性的。那么他的意思可能仅仅是想说，无论那些可能具有决定性意义的因素是什么，这些东西事实上是影响性的因素。另一方面，一上来就宣称法律的生命一直在于经验而不是逻辑，并且紧接着对于（在他看来）"经验"的特征是什么给出了一个解释，霍姆斯似乎认为如果三段论（逻辑）起不到什么作用，那么诸如直觉、迫切的需要感以及偏见等诸如此类的东西必定是起作用的和决定性的。如果这么来解释的话，尤其是当霍姆斯看似毫无困难地将道德理论以及政治理论和迫切的需要感、直觉以及偏见完全等同起来的时候，他实际上犯了非理性主义的错误。

司法裁决进行某些理性证成的程序，这就更没有什么意义了。

25　　在本章的一开头，我们就注意到了下面这一点，即"司法裁决过程的性质是什么？"这个问题可能是含混不清的，原因在于它所要求的到底是一种描述性还是规范性的回答不甚明了；此外，我们也并不清楚这一问题所要求的究竟是一种必须充分描述所有裁决的整体性回应（amonolithic response），还是仅仅只要求一个能够解释最重要或最有意义的裁决的答案。根据前面的讨论，我们有必要追问：是否也许不存在第三种显露于或暗含在这一问题之下的模糊性。因为在我看来，"司法裁决过程"这个说法就其本身而言能够指示两种截然不同的程序，对此我们还尚未认真地加以区分或描述过。并且，只有我们做到了这一点，才能实现对司法裁决过程的更加有意义的研究，才能顺利解决演绎性理论的正确性问题。

　　将这个问题放置到裁决程序的更加广阔的背景下，便会发现在任何特定的裁决被做出或被接受之前，通常会有两种截然不同的程序可供遵循。这在科学或伦理学中是正确的，在法律中也一样。通过参考对它们中任何一个程序所可能提出的两类问题，可以表明这两种程序赖以运作的方式。第一类问题所追问的是一个裁决或结论是以何种方式获得的；而另一类问题所询问的则是某个特定的裁决或结论是否是正当的。也就是说，某个观察司法裁决程序的人可能想知道是什么因素导致或促成了那个结论的产生；他也可能会对那个裁决是以何种方式被证成的感兴趣。

请考虑以下三个例子：

（1）我看到一个人正在帮助一位盲人过马路，我就跑过去问他为什么要帮助那位盲人。这个人可能会回答说："我之所以要帮他，是因为我觉得他可能会给我小费。"

（2）一位科学家研发了一种特殊的疫苗，据称通过免疫接种就能够完全预防癌症。他告知科学界自己是以下面的这种方式发现这种化合物的：他在不同的纸片上写下了 1000 种可能的化学组合，把它们一同放进一顶大帽子中，然后从中随机抽取一个。

（3）查尔斯·比尔德*声称，美国宪法的起草者们是由那些意欲使得自己的许多阶级观永存于新政府骨架中的有产阶级所组成的。[24] 现在，这三个例子都告诉了我们一些东西，让我们**26**看到某个特定的结论或决定是如何做出的。但是也可以这样说，它们都没有回答下面的这个问题，即它们当中的任何一个在何种意义上是一个合理的或正当的结论。

可以说，在第一个例子中那位路人所给出的回答与帮助盲

---

　　* 查尔斯·比尔德（Charles A. Beard，1874—1948），二十世纪美国著名历史学家、美国史学经济学派创始人、美国进步主义史学的代表人物，曾担任美国政治学会主席和美国历史学会主席。比尔德跨越美国历史和政治科学两大领域，特别致力于用经济原因来解释政治制度和历史发展，这方面的代表著作有《美国宪法的经济解释》。——译者注

　　〔24〕参见 Beard, *An Economic Interpretation of the Constitution of the United States*. New York：Macmillan Co., 1913。

人过马路的行为（作为决定或结论）是否是一个道德上可欲的行为并无关联。因为双方都可能会同意下面这一点，即对于酬谢的期待并不构成一个在道德上以某种特定方式行事的充分理由。

在第二个例子中这个问题表现得更加明显。那位科学家宣布自己得出了一个结论，也就是发现了一个可以预防癌症的化学式，但是他并未回答这种疫苗事实上是否真的能够预防癌症。那位科学家如何恰巧就选择了那个化学式，这是一回事；而这个化学式能否据以研发出有效预防癌症的疫苗，以及所得出的结论能否在经验上被证实，则完全是另外一回事。此外，如果我们假定（ex hypothesi）这个疫苗是有效的，那么它之所以肯定不会被拒绝，主要归功于科学家以何种方式选择它进行测试。以相同的方式并且出于同样的理由，我们可以发现：对宪法起草者的动机的认识并没有回答下面这个问题，即宪法是否确立了一种可欲的或正当的政体（form of government）。如你所见，对于宪法价值的评价完全可以与对国父们的制宪动机的认识分开进行。

因此，以上三个例子倾向于解释某个结论是以何种方式获得的。在某些背景下，它们并未回应"那个结论事实上是否是正当的"这一问题。正如这两类问题可以被大致区分的那样，我们也可以将引导我们"发现"结论的因素与裁决获得证成的**27** 过程区分开来。我将某个结论赖以获得的程序称作一种"发现的程序"（process of discovery），并且将结论之证成所依凭的程序称之为"证成的程序"（process of justification）。

既然已经成功地在这两种程序之间建立了一个严格的区分，我们还必须要指出在真实实践中它们所发生关联的三种方式。首先，应当很明显的一点是，任何特定的发现程序或证成程序都不是一成不变的。各种各样的发现程序都是可能的；各种各样的证成程序同样也是如此。在这两种情形下，所使用的程序既可能是高度有序的或正式的，或者也有可能是十分不系统的或随意的。当这种程序有了一个常规的形式并在发现或证成的情形中被系统地采纳时，我们便可以将其称之为一种"发现的逻辑"（logic of discovery）或"证成的逻辑"（logic of justifica-tion），其中"逻辑"这个词的准确意思是指那个程序的有序性。

其次，对于发现程序与证成程序之间的特定结合而言，它们之间可能会产生一种不对称的关系。也就是说，如果某种发现程序能够成功地"产生"更多的结论，并且这些结论能够在既已接受的证成逻辑的范围内被证实，那么与其他的发现程序相比，法官将更加倾向于采纳此种发现程序。在某种真正的意义上，证成的逻辑提供了一些可以被用来评价特定结论以及发现程序的标准；但对于任何发现的逻辑而言，这话反过来说到底是对还是错就很难判断了。

最后，仅仅因为所涉及的是两种可分离的程序，就得出结论说它们通常不是由同一个主体所操作完成的，这种观点无疑是错误的。事实上，尽管这并不总是正确的，但人们还是普遍认为：一个人只有将某个结论或裁决置于证成的逻辑之下，并且通过证成的逻辑使那个结论或裁决获得证实，如此一来他才能得出那个结论或遵照那个裁决行事。这或许正是理性行为的意义所在。

　　我之所以对这个问题啰啰嗦嗦地讲个没完，既是因为法哲学家们几乎很少注意到这一点，也是因为它与许多自身涉及法律推理之性质的理论直接相关。因为，如果有人讨论法律裁决的程序，那么他可能会试着提出一些与对我称为"发现的程序"的理解相关的问题。但是，他可能也会力求提出一些与所运用的"证成的程序"相关的问题。我认为在我们前面所讨论的法哲学家中至少会有一些人对发现的程序提出一些似是而非的问题（plausible questions）。那些强调演绎性理论具有不足之处的论者，以及那些试图以其他一些描述来取而代之的论者，对于法院所运用的发现程序或许已经讲得很清楚了。通过将发现的过程完全等同于裁决的过程，他们十分有力地指出法官的判决意见必定不是一种对裁决过程的准确报道。并且，事实上，如果整个裁决过程和发现的过程具有相同的范围，那么上述观点（法官的判决意见是一种对裁决过程的准确描述——译者注）或许就是对的。[25]

　　假定大多数判决意见都旨在描述发现的过程，但是我认为这个假定是荒唐的。被通常的司法意见所证成的那种推理过程，无疑更多地表现为一种典型的证成程序。通过类比的方式我们回过头再来看看那位科学家的例子——将判决意见理解为一种对法官为何以及如何"发现"那个裁决的报道，这是一回事；而将判决意见理解为一种对"检验"那个裁决所运用的程序的解释，则完全是另外一回事。主张——正如许多法哲学家所做的那样——当且仅当某个判决意见如实地描述了发现程序，该判决意见才算得上是一种对司法裁决过程的准确描述，该主张实际上有助于确保我们能够发现那个判决意见的不足之处。但是，如果那个判决意见被解释为是一种对于法官所运用的证成程序的报道，那么频繁地依赖诸如法律规则或逻辑规则之类的标准才似乎是更为合理的。因为，十分可信的一点是，至少会有一些法官在某个案件的裁决作出之前，他们感到自己必定能够证成那个裁决。他们可能会有这样一种预感，某个特定的裁

---

　　[25] 我只听说过两位法哲学家曾试着做出过类似的区分。一个是赫尔曼·坎托罗维奇，他说："首先让法官产生兴趣的是这样一个问题，即他想要做出的那个裁决能否被作为一种特定成文法的后果而证成，或者作为一种至少与成文法的后果相一致的后果而被证成……发生性的描述（genetic explanation）与规范性的证成（normative justification）必须要分开——这是我们从当代认识论中所汲取的最为重要的教训之一。"参见 Hermann Kantorowicz，"Some Rationalism about Realism，"43 *Yale Law Journal* 1240（1934），1249。另外一位是马克斯·瑞丁，在那篇叫作《法律的方法》的文章中他着力分析了几种不同的司法证成程序。参见 Max Radin，"The Method of Law，"*Washington University Law Quarterly* 471（1950）。

决是"正确的",他们可能对某个特定的被告或原告怀有怨恨，但是他们可能也感觉到了这种想法并不能算作是提出某个具有约束力的司法裁决的理由，并且除非通过诉诸其他某些标准证成了他们所"想要做出的"那一结论，否则的话那个裁决就不应被当作一个对诉讼当事人双方具有约束力的裁决而加以宣布。

29　此外，这或许是因为一些法官原本认为必定能够在裁决结论与某些更为一般性的前提之间建立起一种形式上有效的联系，并且认为同样也能够为如此选择前提给出充分的理由。如果是这样的话，那么对演绎性理论的攻击就不是错误的，而仅仅只是不切题的（irrelevant）。

有时人们也极力主张，由于法院将演绎性程序作为一种证成程序来使用，所以对这种程序的坚持必定是一种对法院所能够恰当地做出的各种裁决的徒劳无益的限制方式。由于事实往往就是如此，所以我们很难确切地说出反对意见是什么或者该如何拒绝它。比如说，杰罗姆·弗兰克在这个问题上也是十分地模棱两可。他指出——并且我认为他的观点是完全正确的——在某种意义上各种各样的裁决都开始于"一个或多或少所模糊地形成的结论；人们通常从这样一个结论出发，然后试着去寻找能够证实这一结论的前提。如果他无法发现一个适当的能够令他自己满意的论证……除非他是一个专断者或疯子，否则都会放弃这个结论并转而寻求另一个结论"。这大体上就是我所说的证成的过程。但是，正如笔者在前面所强调的那样

（本章前文脚注 22——译者注），弗兰克接着说道："根本就不存在什么规则能够迫使法官去遵守一条老规则，或者能够帮助你预测法官何时会用一条新规则来阐明其结论，或者能够依此帮助法官决定什么时候可以将某个案件当作一条老规则的例外来看待，或者帮助法官决定究竟选择哪一条旧规则来解释或引导自己的裁决。他的裁决是至关重要的，而他所碰巧引用的那条规则是次要的。"[26]

　　现在，将这两段文字调和在一起无疑是很困难的。在第一段文字中，弗兰克十分强烈地主张，存在或可能存在着一些标准，它迫使人们拒绝自己一开始所试探性地形成的那个结论。然而，在第二段文字中，他又主张对于法官为何诉诸这个而非另一个规则作为裁决的理由没有给出任何解释。再者，在几页之后弗兰克又说："我们已经看到，它们（法律规则和法律原则）的主要功用在于帮助法官对于他们所达致的那个结论做出一些形式性的论证或理性化的解释。"正如在其他地方一样，此处弗兰克似乎将证成的过程与理性化的过程完全等同起来了。但可以肯定的是，正如他本人所承认的那样，这两个过程不一 **30** 定是相同的。事实上，就在接下来的那一页，他说道："一位尽心尽责的法官，先试探性地获得一个裁决结论，然后会回过头来检视（在没有不诚实地歪曲事实的情形下）该结论是否能够

〔26〕　Frank, *Law and the Modern Mind*. New York: Tudor Publishing Co., 1936, pp. 100, 128.

与此前所接受的一般性观点相符合。如果在这方面一无所获的话，那么他便不得不更加敏锐地考虑那个试探性结论对当前案件以及可能受到影响的未来案件是否是明智的。"[27]

弗兰克有时候似乎是在说，既然所有的证成必然是理性化的（就目前所接受的这一术语的内涵而言），如此一来法官总是能够为其裁决结论提供一个理由，并且因此"裁判者当论证"这一要求就不可能会对其裁判的做出产生任何影响。然而，一如往常那样，弗兰克似乎想说法官并没有十分尽心尽责地证成其裁决，而仅仅只是满足于裁决的理性化，他们理应坚持一种明显能够形成的更加严格的证成标准。

然而需要注意的是，存在着两个明显不同的命题，并且必须要将它们区分开来。如果裁决的证成必然仅仅只是一种对裁决的理性化，那么再去揪心裁判应当要求何种证成就丝毫没有什么意义了。但是，如果对于某种证成标准的接受能够影响到法院裁判的做出，那么对于替代性标准的详述和评价则是一项意义重大的任务。

重要的一点是，应当澄清目前所争论的那些观点。由于本研究所从事的主要是一种规范性的而非经验性的分析，我并不想主张任何法律体系之下的法院实际上都普遍地运用了同一种特定的证成程序。事实上，如果任何一种程序能够被拿来裁判所有案件，这必将是令人大吃一惊的。正如我们在下文所指出

---

〔27〕 *Ibid.*, pp. 130，131.

的那样，一些十分确凿的证据表明不同的法院事实上运用了十分不同的程序。同样也应当澄清的一点是，我也并不会主张法院应当将由某些判决意见所显示使用的那种程序拿来用作它们的证成程序。然而，我所要主张的是这样一种观点，即应当澄清"司法过程"的含义；除非我们做到这一点，否则的话无论是在描述性层面还是在规范性层面要想进行有意义的讨论都是十分困难的，如果不是不可能的话。我试着通过指出演绎性理论的倡导者和反对者所讨论的很可能并不是同一种程序，来说明疏于对那个基本概念进行澄清所可能带来的一系列后果。如果关于司法预感、情感以及个性的讨论与"发现程序"这个问题相关，那么它无须和一种关于"证成程序"的完全不同的分析保持一致。由此我确实主张与"证成程序"有关的问题可以有效地与关于"发现程序"的问题相区分开。最后我提出，似乎并不存在任何有力的理由能够让我们相信对一些证成程序的采纳不会对法官裁决特定案件的方式产生重要的影响。

但是，在对不同的证成程序进行一种规范性的分析之前，我们有必要直面在前文中所详细提出的一些反对意见，它们质疑任何寻求在法律规则与案件裁决的做出之间建立关联的裁决程序的可能性。因为，在众多证成程序中我们所要考虑的是这样一些程序，它们明确地要求法律规则以及"逻辑"应当成为证成方法的重要组成内容。由此，为了看一看对那些无论如何只是"演绎性"或"逻辑性"证成程序的考虑是否是有益的，

31

我们必须要检讨关于案情具有独特性的主张，也要检讨关于归类具有专断性的主张，还要检讨关于并不存在具有约束力的法律规则的主张。

那种针对演绎性理论的重要性或妥适性所提出的反对意见，其根据在于世界上不可能存在两个案情完全一模一样的案件，这一点是最为诡异的。因为在某种意义上说，"任何案情都是独特的"这个主张既不会招致什么异议又是无懈可击的。由于两个案情是被预先假定的，因此单单这一事实似乎足以确立下述主张，即它们在某些方面必然是有差异的。然而，即便承认这一点，也不意味着我们就要承认"规则适用型"的程序必然是无用的或行不通的。相反，真正的问题似乎是：这种几乎不证自明的主张是否对"从规则到案件事实"的可适用性提出了什么特殊的难题。我不明白这一主张自身是如何能够做到这一点的。在某种意义上，任何两种法律情形之间无疑是有差异的；但是在同样的意义上，任何两种现存情形（existential situations）也是彼此不同的。无可否认地，就人类能够以何种方式探知任何两个事物都属于同一类事物而言，牵涉着一系列十分复杂深奥的哲学问题。我们如何查知两个物体都是（比如说）椅子、桌子或人？因为它们各自在许多方面是有差异的，那我们凭什么说它们都是椅子呢？或者凭什么说它们都是桌子呢？或者凭什么说它们都是人呢？我们凭什么单单挑选或强调那些它们所共有的特征而不是那些使得它们彼此相异的特征呢？我们应再

32

次重申，这些都是一些十分重要且又难以回答的问题。但是，除非能够证明法律上的"客体"（object）——法院所关心的案件事实的组成部分——自身有着独特之处，否则的话如下这个主张就变得真假难辨了，即它主张作为法律客体的那些客体所具有的"独特性"对法律体系提出了一些特殊的难题。相反，即便不去尝试解决这些哲学难题，法院似乎仍然能够基于完全相同的原因或出于完全相同的理由——两个物体都可以被叫作"椅子""桌子"或"人"——将某两个案情归为同一类。

但是，正如先前所指出的那样，这种反对意见与另一种反对意见紧密相关，而后者又与一些特殊的法律问题存在着更加紧密的联系。那个主张是这样的：由于真正的问题在于如何对特定的案件事实进行归类，并且由于这个活动必然是一个非演绎性的过程，如此一来对法律中逻辑的强调只有助于将精力集中在司法裁决过程的次要而非主要方面。

应当再次承认的是：在某种明显的意义上，对案情之特性进行描述的活动不可能受形式性逻辑或演绎性逻辑的支配。之所以如此，主要存在两个方面的理由。首先，注意到下面这一点无疑是正确的，即"案件事实不会整齐地贴上标签、裁剪或 **33** 折叠起来等着我们，它们的分类也不会写在身上让法官简单一读就明白是怎么回事"。其次，即使真实的情况并不像上面所说的那样，下面的这个主张仍然是正确的，即"逻辑并不规定对术语的解释；也不决定对任何表达所做的解释是笨拙的还是明智的解释"。[28] 人们不可诉诸逻辑的准则来决定某个特定的分类是否必然是正确的。

如果这就是那个反对意见的要点，那么它的确是无可反驳的。但是，正如我们所已经看到的，那些讨论案件事实分类难题的学者往往看似会提出一种更强的观点，亦即，由于对案件事实的分类活动不可能是演绎性的，因而分类的工作在本质上是一种任意性的行为。由于逻辑规则在这个节骨眼儿上毫无用处，他们据此认为不可能存在着什么能够依赖的客观性标准。这个观点的意思似乎是在说，法官可以选择将任何事实或任何种类的事实看作是他所选择的那种分类的决定性因素，并且据此实现或者证成他所想要做出的任何裁决。

这一主张有几点需要强调。从微不足道的一点说起，法官可以选择任何他想要的因素作为对某个案件事实进行特性化描述的决定性因素，这或许是正确的。如果这是一个关于法官实际能力的命题，那么急于对其进行反驳是完全没有意义的。

对这个命题的一种更加可信的解释，是将其解释为是在主张对某个特定的特性化描述提出批评是无凭无据的——换句话说，在某种真正的意义上，任何一个特定的分类都无法被称作是"正确的"或"不正确的"，也无法被称作是"合理的"或

---

[28] Hart, "Positivism and the Separation of Law and Morals," 71 *Harvard Law Review* 593 (1958), 607, 610. 这篇文章对法哲学领域做出了最为明确和最为重要的贡献。它的诸多价值之一，在于表明了许多对所谓法律实证主义的攻击存在着一些似是而非的地方。哈特的这篇文章提出了一些本章所致力于提出的区分。

"不合理的"。再一次地，演绎性理论的批评者似乎犯了非理性主义的谬误。他们错误地推出了这样一个结论，即对于某个分类不可能提出一种逻辑性的（广义的"合理的"）论证，这是因为逻辑（技术意义上的亚里士多德逻辑或形式逻辑）不能被用于对案件事实进行特性化描述。这个推断模糊了一个重要的问题，它要求法官证明其用以描述某个特定案件的方式是否有意义。

这是一个有意义的问题，一个支持该命题的论证采取了如下形式：存在着一些又或许很多案件事实，人们很显然只能以一种方式（从法律的角度）来描述它们，而一旦人们采用了其他的任何一种描述方式，马上就会被证明是错误的或任意的。**34** 这种案件可能就是"一个法律术语的'标准'或'既定'用法所指示的内容"的一个完美实例，在那个待决案件的背景下人们不可能合理地对它的分类提出任何质疑。[29] 有很多人可能会

---

〔29〕 比如说，哈特就提出过这样一个主张（参见前注 28 第 607 页）。虽然那个主张与本研究并不直接相关，但是应当注意富勒在他的文章中恰恰在这一点上对哈特进行了批判，参见 Fuller, "Positivism and Fidelity to Law——A Reply to Professor Hart," 71 *Harvard Law Review* 630（1958），661-669。在这篇文章中，富勒主张哈特的观点必然意味着法律规则必须仅仅根据规则的标准含义（standard meaning）来使用——假定案件事实是规则标准含义的一个确定的实例，而无须关照那个法律规则的目的。如果富勒对哈特的理解没错的话，那么他的反对意见似乎是有重要意义的，至少在一些背景下是这样的。但是，将哈特解读为是在寻求坚持一种明显较弱的主张——亦即，由于那个规则的含义存在着"标准的实例"，故而以任何有意义的方式追问那个法律规则的目的便是可能的——无疑也是合理的。的确，哈特对"意义核心"（core of meaning）的讨论没有充分展开。但是，将哈特理解为仅仅是在主张"当所讨论的案件是一个'标准实例'时，与法律规则之目的相关的问题并不会十分频繁地发生"至少是可能的，并且我认为这么做也是合理的。

接受这种主张，但是他们同时会补充一点，认为也有一些案件引发了一个真正的分类难题。用哈特*的话来说就是存在着所谓的"阴影案件"（penumbral case），在这种案件中法律规则或法律术语的既定用法沉默不语了，而对此提出一些替代性的分类似乎是合理的。在此情形下，"人们必须对'决定某语词是否适用于手边的案件以及该决定所可能产生的实际后果'担负起责任"。那些攻击"演绎主义"的论者试图唤起我们对于"阴影案件"的存在及重要性的注意，这一点完全是可能的。但是，再一次地，从"认识到这种阴影案件会产生"又能够得出什么结论？对于这一点我们并不是十分地清楚。这是否仅仅意味着语词的"标准用法"无法成为任何一类案件的分类标准？这是否也意味着我们根本就无法形成任何一种分类标准？或者还是说我们

---

　　* 哈特（H. L. A. Hart, 1907—1992），英国著名法理学家，新分析实证主义法学的创始人，曾任英国牛津大学法理学讲席教授，二十世纪英语世界最伟大的法学家。他在继承和批判奥斯丁法律理论思想的基础上，通过引入规则理论和义务概念，极大地发展了实证主义法学。哈特的作品包括：《法律的概念》（1961，1994，2012）、《法律、自由与道德》（1986）、《论边沁》（1982）等。其中最为经典且影响最大的就是《法律的概念》，这是现代西方法理学中最为重要和经典的著作之一。——译者注

所可能形成的分类标准必然会准许一些替代性的"合理的"分类?[30]

在很大的程度上，所有这些可能的意涵都建立在如下这个观点的基础之上，即我们可以在通常案件与新颖案件之间做出区分。在本书的后半部分（尤其是第五章和第七章）我们会对这个观点进行更加细致的检讨。正如我们所要主张的那样，我们用以评价法律规则的标准同样也可以被用来证明案件事实的分类，针对这个观点我们或许能够提出一个十分令人信服的实例。也就是说，我们会主张："何种特性化描述能够被看作是一种'在法律上'有重要意义的描述"是"何种法律规则是可欲的"这个问题的另一种形式而已。就目前来看，我们完全可以这么说：即便是语词的标准用法不能或不应当被用作判断新颖案件的标准，并且即便是因此至少必须要在这些案件中做出一个关于分类的重要决定，也并不能够必然得出结论说——如果有人认为必然可以得出这种结论的话——由于这个原因那个分类决定因此就是一个在本质上具有任意性的决定。

---

〔30〕　Hart, "Positivism and the Separation of Law and Morals," 71 *Harvard Law Review* 593（1958），607. 我的意思并不是说，哈特在这里放弃了对"阴影案件"的分类进行证成的可能性。相反，他的观点事实上是"如果对于'阴影问题'所提出的法律论证和作出的法律裁决是理性的，那么它的理性一定不是仅仅源自它和论证前提的逻辑关系。因此，如果'依照该规则的目的，飞机并不是车辆'这个主张或决定是理性的或合理的，那么这个主张之所以是合理的或理性的绝不是因为它在逻辑上'言之凿凿，确可信据'"。我在"法律有效性"与"充分的理由"这两个概念之间想要作出的恰恰就是这样一种区分。

35　　　许多同样的主张（在细节上作了必要的修正）可以适用于一些反对意见，它们诸如奥利芬特*关于法律规则的确定等。再一次地，我们必须欣然承认：法官能够从一个特定案件中抽取出具有任何抽象程度的判决理由。但是再一次地，还必须坚持真正的问题在重要性上是不同的，亦即是否存在着一些标准可被普遍性地用于确定裁决规则的过程？通常的情况确实是这样的，后案法官的确会决定何者是"判决根据"（holding）以及何者是"附带意见"（*dictum*）。但是，我们凭什么说在"判决根据"与"附带意见"之间的选择必定是任意性的或不受限制的呢？

　　此外，在关于法律规则的讨论中我们还可以提出一个进一步的论点。即便承认用以确定某个先例规则的标准必然总是模糊的和不确切的，我们仍然可以说在法院的判决意见中能够找到一个对于法律规则的明确阐释。此外，尽管许多论者坚决地主张法院的判决意见从来都不会对其他的法院产生约束力，[31]但是很多时候正是判决意见中所阐述的那个规则约束着后来案

---

　　*　赫尔曼·奥利芬特（Herman Oliphant, 1884—1939），美国法律现实主义的代表人物，他最著名的论断之一就是认为遵循先例原则已经不再是可以适用的了。尽管在一个组织相对简单、稳定的社会中，遵循先例原则还有一席之地，但是在今天的美国社会显然这一原则应当被抛弃。在这个意义上，他提出了一种所谓的"刺激—反应"（stimulus-response）的理论，借此法官可以成功地应付各种案件。——译者注

　　〔31〕　几乎可以在任何一本关于法律方法的标准教科书中找到关于这种效力的论述。比如说，参见 Allen, *Law in the Making*. 5th ed. Oxford：Clarendon Press, 1951, pp. 223, 243。

件的裁判。让人们感到非常意外的是，那些最强烈要求坚持观察法院事实上做了什么的论者，同样也坚持认为法官从来都不会接受那种在一些先前案件中所被阐述的规则。

英美法体系中产生了很多关于这种司法活动的例子。这样的一个例子突出地表现在违约救济的法律中。在哈德利诉巴克森代尔（*Hadley v. Baxendale*）[32]一案中，巴伦·安德森法官创设了一条用以在某类情形下衡量违约的损害后果的规则。在许多司法辖区内，这一规则几乎得到了毫无例外的一致遵守。[33]然而，对于这个规则而言，真正有意思的并不在于该规则是在判决意见中被表达出来的并且已经得到了其他法院的遵守，而是在于被形成的那个规则被不正确地适用到了哈德利诉巴克森代尔案。[34]现在，如果先例"规则"始终存在于判决理由并且永远都不可能存在于判决意见中，那么哈德利诉巴克森代尔案的判决理由（它明显与判决意见中所确立的那一规则并不一致）似乎才是后来所应当遵守的内容。但是，事实并不是这样的，**36**

---

〔32〕 9 Exch. 341，156 Eng. Rep. 145（Ex. 1854）.

〔33〕 *Kerr Steamship Co. v. Radio Corporation of America*，245 N. Y. 284（1927）；*Restatement of Contracts*，§ 330；McCormick，*Handbook on the Law of Damages*，§ 138.

〔34〕 McCormick，*Handbook on the Law of Damages*，pp. 564-565.

最终得到遵守的恰恰正是在那个判决意见中所陈述的规则。[35]由此，法院通常并不需要什么标准来确定一个先例案件的规则是什么，这仅仅是因为它们接受了那个在判决意见中所形成的规则。

再一次地，或许应当强调一下这些评论的重要性。然而这并不是说坚持以下这种程序就一定是可欲的，即在该程序中先前案件所明确地设立的规则被后来案件一以贯之地遵守和适用。本研究剩下的部分就致力于讨论这个问题。此处所呈现的那个描述仅仅是为了拒斥如下这个主张才被提出来的，该主张认为这种形式的法律规则在一个缺乏成文法的法律体系下（意指判例法体系——译者注）是无法运作的；然而正如我们所已经看到的，这些规则事实上已经得到了很好的运作。

法院已经设定了一些规则并且这些规则在后来的案件中得到了遵守，对于该事实的认识为最后一个问题——也是本研究一开头所必须要处理的问题——的讨论提供了便捷的出发点。与"法律的性质"这个问题相比，法哲学家将更多的精力投向了其他一些问题（如果存在这些问题的话）。如果离开了对于

---

〔35〕 另一例子可能是雪莱案（Shelley's Case）中那个所谓的规则。（1581 年雪莱案规则是一种合并规则，即在一定的条件下将条件继受权与终身土地利益合并为完全所有权的转让。如转让条款中给甲终身所有权，若继受权属于甲的后裔，或甲享有的是限制性继承所有，则甲本人变成继受权的所有人。由于甲既拥有该地的终身所有权又拥有其继受权，因此，甲便拥有该地的完全所有权。关于此规则的详细解释和讨论读者可以进一步参阅：李进之等：《美国财产法》，法律出版社 1999 年版，第 80—82 页。——译者注）

法、法律、法律规则等的讨论，那么对于法律裁决程序的研究基本上是不可能的。考虑到旷日持久的论战，我只是想表明当我谈论法或法律时我意指什么。一般而言，当我们使用"一项法律规则"（a legal rule）或者"一条法律"（a law）这种术语时，所指的是经常采取下列形式的一些命题：比如说"如果缺少两位见证人的签名，一项遗嘱就是无效的"，又比如说"抵押人在债务履行期届满之前可以不偿还抵押贷款，而无须征得抵押权人的同意"，再比如说"只有故意击打伤者，才构成非法殴打（battery）"。这种形式的命题构成了我们通常所称为"合同法规则""侵权法规则""债权人利益的规则"等诸如此类的东西。我认为，并且我会毫无争议地假定，所有或大多数这类法律规则都可以转化为一种假言命令（hypothetical imperatives）的形式，其中前件（antecedent）规定了一个特定种类的关系、行为或主体，而后件（consequent）则规定了相应的法律后果，一旦发生或实现了前件所规定的情形这些后果就随之产生。[36] 采取了这种形式的规则可以充当假言三段论（hypothetical syllogism）的推理前提。在那些它们能发挥作用的案件中，正如可以被用于充当亚里士多德三段论那样，它们同样也可以被轻易

---

〔36〕 我不想卷入关于"法律"的正确界定或妥当界定的争议，也不想卷入关于"法律所针对的对象是谁"这个问题的争议。很明显，我们还可以采取其他一些方式来界定或描述法律。然而，人们也许会注意到：在有关法律的诸多界定中，那种采取"法院将要做什么"或"法院已经做了什么"这类描述的法律界定，对于一位法官——他自己问自己，在某个特定的案件中究竟适用了或应当适用何种法律——来说可能并没有什么用处。

地转化为一种普遍的肯定命题。[37]

37   然而，这类规则显然并没有穷尽法院所实际已经运用的各种命题，也未穷尽有时被称为"法"或"法律"的各种命题。[38] 比如说，还存在着这样一些命题，我将它们称为一个案件的"裁决"或"裁判"。它们通常采取如下形式："被告必须赔偿原告 100 美元的损失"，"维持被告的异议"，或者"被告有权如何如何"。如果法院将其推理转化为一种三段论的形式，那么这种形式的命题就可以被用来充当那个三段论推理的结论。

另一种十分不同的命题是这样的，它们在某种意义上指明了案件赖以被裁判的方式。它们看上去与（上面所描述的）法律规则不太一样，因为它们并不涉及某类主体或行为。相反，它们只关心法院对于其裁决所应做出什么样的证成。在我的脑

---

[37] 比如说，一项关于何时对于订立合同的承诺发生效力的合同法规则就可能采取下述形式："如果对于一项意在订立合同的要约的承诺在要约人撤回要约之前被寄出，那么对要约的承诺就是有效的。"或者，它也可能会采取这种形式："在订立合同的要约人撤回要约之前，所有被寄出的承诺都是有效的。"

应当指出的是，这些表述如果不结合其他许多相关规则的背景来理解的话，则很可能是误导性的。也就是说，我假定法院所唯一关心的问题是一旦承诺已被寄出之后要约人是否可能会撤回要约。"合同法"——它以规则的形式规定了强制执行合同的必要和充分条件——是否是一种观察合同概念之意义的颇具误导性的方式，这个问题就本研究的目的而言是可以忽略的。

关于这种表述为何可能是误导性的，可以参见 H. L. A. Hart, "The Ascription of Responsibility and Rights," in *Logic and Language* (firstSeries), ed. by Antony Flew. Oxford: Basil Blackwell, 1952。

[38] 比如说，凯尔森主张"议会裁定、司法判决、法律程序乃至一个不法行为"都可以被称为"法律"。参见 Kelsen, "The Pure Theory of Law," 50 *Law Quarterly Review* 474 (1934): 478。

海中会浮现出这样一些例子："对于某个案件如果存在着先例，那么就应当依照那个先例来裁判"，或者"为了在诉讼当事人双方之间实现正义，案件必须以此种方式来裁判。"我将这些命题称为"裁决规则"，原因在于它们详细规定了做出一个正当裁决的标准。

最后，还存在一些更为一般性的命题，它们旨在阐明法律体系本身的目标、目的或功能。在众多论者中，正如罗斯科·庞德*所多次指出的那样，此种基本原则常常既不是显而易见的也没有被细致地阐述出来。[39] 然而，当我们明确地阐述此种命题时，它可能会采取如下形式："法律体系的功能在于为诉讼双方当事人主持正义"或者"法律体系的功能是最大限度地满足诉讼双方当事人的需求"。

我对以上任一或所有命题赋予了何种实质内容是不重要的。我对各种命题所做的描述还远远不够精确。除此之外，我所描述的各类命题既不是详尽无遗的也不是完全排除其他一切可能的。但是就我的研究目的而言，以上的描述足以使我们得出下面这点结论：也就是说，如果人们以一些相当一般性的陈

---

* 罗斯科·庞德（Roscoe Pound，1870—1964），美国二十世纪最负盛名的法学家之一，他的法学思想对当代法学理论的发展产生了重要的影响，他是"社会学法学"运动的奠基人。他曾先后任内布拉斯加大学法学院院长、哈佛大学法学院院长，并担任过中国国民党政府司法行政部与教育部顾问，生平论著八百余种。——译者注

〔39〕 Pound, "The Theory of Judicial Decision," 36 *Harvard Law Review* 641（1923）. 庞德在此处区分了几种不同的法律命题，尽管我们各自的讨论方式有所不同。

38 述——其内容主要是关于法律体系应当发挥何种功能——作为出发点，那么接下来他们很可能会考虑各种各样的裁决规则（如果它们获得了司法机关的一贯采纳）在多大程度上能够成功地使法律体系实现那一功能。通过对这些裁决规则的解释，从而详细地阐明那种法院能够并且必须对其作出的裁决所提供的证成，对采纳各种不同的裁决规则所产生的后果进行检讨也是可能的。此种裁决规则可能要求，只有既存的法律规则才能够被算作是以某种特定的方式裁决案件的正当理由。另一种裁决规则可能会要求，在某个案件的裁决被证成之前法官必须要感受到一种公正的解决方案的直觉。除此之外，还有第三种裁决规则，它可能要求只有最大限度满足对立的诉讼双方当事人的要求才是做出某个特定裁决的唯一理由。在本书接下来的部分，我将对这些以及其他一些裁决规则逐一进行检讨。

正如我在前面所已经指出的，我认为法律体系应当发挥一些十分普遍的功利主义功能。在这种背景下，我建议诸位考虑一下法院所可能采纳的其他一些裁决规则。此外，就我们所讨论的目的来看，尽管我想要描述以何种方式明确接受这每种可能的证成程序将能够或不能成功地实现法律体系的那一功利主义目标或功能，但是我所主要关心的仍然是尽可能准确地说明采纳其中任何一种可能的裁决规则可能会带来什么样的不同结果。

第三章

关于先例原则的一些经典性讨论

在当前这一章，我将描绘和分析三种司法裁决程序中的第
一种，也就是基于先例的司法裁决程序。这一程序拥有自己的
裁决规则，亦即先例规则或先例原则。由此，根据我们前一章
的讨论，对于法律体系中所出现的任何待决案件而言，先例规
则的功能在于它能够决定什么可以被单独地视为一个案件裁判
的充分理由或有说服力的理由。

本章将讨论一些有关先例原则的标准性论述。就此而言，
它主要起着三个方面的作用。首先，通过引介先例原则经典性
讨论中的一个代表性例子，能够显示出许多关于这一理论的通
常性表述中所存在的一些不足之处，随之而来也让我们看到拥
有一个准确而严格的表述将是多么的重要。只有当遵循先例
（*stare decisis*）* 的原则已经给出了细致而又清晰的指示时，我

---

　* 为了方便起见，我会交替使用先例原则和遵循先例原则［照字面意思来说就
是"遵从先例，切勿破坏已有定论"（*stare decisis et non quieta movere*）或者说是"遵
守先例，且不要扰乱已经确立的要点"（to adhere to decided cases and not unsettle es-
tablished things）］，它们指的是同一个意思。

们才能够对基于先例的裁决证成程序做出评价。然而，过去几乎所有有关先例原则的讨论都未能充分地意识到这一点。

其次，对于这些理论的批判性分析，进一步强调了任何司法裁决程序*（尤其是基于先例的司法裁决程序）从整体上都必须要面对的各种问题。然而，法哲学家们之前并未十分清晰地提出过这些问题，同时他们的回答相应地也远没有我们想象的那么有意义。他们充其量不过是为进一步的追问指明了方向。

最后，几乎所有关于先例原则的讨论都指出先例原则非常重要。而这一重要的品质——至于它是什么先暂且不问——或许恰恰正是人们在阐释它时屡屡陷入困境的原因。我对一些有关先例原则的讨论进行了详细的阐释和分析，一是希望分离出这些原则中任何具有重要意义的内容，二是希望能够说明该原则的不足之处。

法哲学的相关文献从整体上来看极为丰富，但几乎完全缺乏一种对于先例原则的系统性讨论。在很大程度上，这些关于先例的讨论都是附带性的（incidental）。针对与先例相关的标准问题及裁决的证成，通常存在着大量的一页或两页篇幅的参考书目；并且除此之外，还有相当数量的文章，其中有许多是关于对法院"严格地"受到遵循先例原则的拘束这一观点的驳斥，或者更通常的是与坚持遵循先例原则本身允许法院偏离先前的

---

* 在前一章中，我们曾经指出过"裁决过程"这个语词的含义是模棱两可的。因此，必须明确的是，在接下来的讨论中我仅仅只关注裁决的证成程序。

司法意见、司法裁决等相关。有那么两三种描述性的论述，它们仅仅致力于重申法院所明确陈述的一些规则（这些规则涉及法院何时受先前司法裁决的约束以及它们何时可以偏离先前司法裁决），或者力图阐明法院自身受先例拘束的一些实例。但是尽管如此，能够明确而又详细地阐释先例或者探究先例更为深远意义的完整性作品，仍然是十分匮乏的。

　　然而，通过对几乎所有这些有关先例的经典性讨论的检讨，我们可以看到大量错综复杂的、艰深晦涩的以及令人困惑不解的难题必然与对这一主题的分析交织在一起。这些问题就其本身而言，通常并未被先例的评论者所意识到；就更不用说他们对这些问题的解决了。这些问题几乎从来就没有被清晰地讨论过。约翰·萨尔蒙德*对此所做的一个分析，既拥有简洁和全面等优点，也不乏我们刚刚所提及的某些缺陷。[1]

　　从一开始，萨尔蒙德就指出，我们必须要在宣示性（declaratory）先例和创造性（creative）先例之间做出区分。一个宣**41**示性先例是这样的，过去法院将先例所运用于的事实与眼前案件的事实属于同一类别。而与之相对，创造性先例是指被作为一项新的规则创制出来（这不足为奇）并继而将其适用于眼前

---

　　*　约翰·萨尔蒙德（John W. Salmond，1862—1964），新西兰著名的法官和法学教授，代表性著作有《法理学或法律理论》（1902）、《侵权法》（1907）、《合同法原理》（1927），其中前两本已被公认为法学的经典读物，至今在英语世界的法学院以及司法实务界广为流行。——译者注

　　〔1〕　John W. Salmond, "The Theory of Judicial Precedents," 16 *Law Quarterly Review* 376（1900）.

案件当中。宣示性先例之所以能够被适用，原因在于它是一个先例；而出于同样的原因，创造性先例却不能得到适用，但是一旦在将来同类案件中得到了引用它就会转变成一个宣示性先例。因此，从未来长远的眼光来看，创造性先例与宣示性先例之间并无差异；它们的差异仅仅在于各自与过去法律的关系〔2〕，也就是说它们在成为法律规则的时间点上有所不同。

在如上两种先例之间所做的这一区分并不是没有意义，因为它预示着对有关英国法之性质的古老理论的重要背离。在那个古老的理论之下，根据柯克*和布莱克斯通**的观点，所有的先例都被认为必然是宣示性的。因为所有的判决都被认为仅仅是既存普通法的一个证据（尽管是法院或律师所可能拥有的最为重要和令人信服的证据），重要的是它认为法院并不是在创造法律，而仅仅是在适用过去并且将来一直被称作是法律的东西。〔3〕

萨尔蒙德回应道，这种法律的宣示性理论——作为一种对

---

〔2〕　*Ibid.*，p. 377.

　*　爱德华·柯克（Edward Coke，1552—1634），英国著名法学家和政治人物，1613 年被任命为王座法院首席法官，在他身上有许多光环，比如普通法的福音、活着的普通法、法学之源等，而最为我们所熟悉的就是他与詹姆士一世的那场争论中所提出的"国王也在法律之下"。——译者注

　**　威廉·布莱克斯通（William Blackstone，1723—1780），英国著名法学家和法官，其代表性著作《英国法释义》对英国法进行了系统的阐述，对后世英美普通法的发展和研究影响深远。——译者注

　〔3〕　这一观点在本书第 65 页至第 66 页（英文原书页码，即本书页边码——译者注）还会有讨论。

司法过程的正确描述——很显然必须要抛弃。"我们必须公开地承认，先例既能创造法律也可以仅仅宣示法律……我们必须认识到它们被授予了一种独特的法律创制权力，也要认识到这些权力被公开而又合法地予以行使的方式。"

既已在先例之间做出了这样一种区分，萨尔蒙德发现现在我们需要再做出另外一种区分。先例也可以做权威性的（authoritative）先例和说服性的（persuasive）先例这样的区分。就我们的分析目的而言，唯独萨尔蒙德所讨论的权威性先例是相关的。但是在这个节骨眼儿上，他的讨论似乎有一些混乱。因为他将权威性先例界定为："法官对于某个先例无论是否表示赞同，都必须要加以遵守。该先例对于法官们是有约束力的，并且以此限制他们在未来案件中所可能行使的自由裁量权。"然而，他几乎又马上回过头来说，我们仍然有待对先例做进一步的划分，相应地存在着两种不同种类的权威性先例。当权威性 **42** 先例的权威是绝对性的时候，

　　这一先例裁决具有绝对的约束力，并且毫无疑问必须要得到遵守，无论法官们认为它是何等的不合理或者不正确……而另一方面，当一个先例仅仅只有相对的权威性时，法院将拥有一种有限的权力漠视它。在通常情况下，一个拥有相对权威的先例是有约束力的，但是也存在着一种十分特殊的情形，其中拥有相对权威性的先例可以被合法地予以否认。那么，当属于

这后一种类别的先例出错而且是清晰而又严重的错误（clearly and seriously wrong）时，就可能会被推翻或者搁置，而这种推翻是为维护合理的司法运行所要求的。

　　与其他学者对这一问题的讨论相比较而言，萨尔蒙德的分析是更加全面和缜密的，因为他现在尝试对"清晰而又严重的错误"这一表达提供一些明确的内容。他说当且仅当以下两个条件获得满足时，我们才能说一个具有相对权威的法律规则才是"清晰而又严重错误的"：

　　（1）"在法院的判决意见中所引述的先例一定是一个错误的先例。"并且，这一先例当且仅当在违背了法律或者违背了理性的条件下才是"错误的"。[4]（2）在这种情形下，不仅仅是那个先例被认为是不正确的或错误的，而且由此所提出的替代性规则也必须得到更加清晰的说明。萨尔蒙德引用了（但有保留地赞同）埃尔登勋爵*那句有名的格言，"相比于让每个法官来揣摩如何改进法律，法律应保持自身的确定要好得多。"[5] 我们可以说，萨尔蒙德会这样总结：

---

　　[4] John W. Salmond, *Jurisprudence*. 11th ed.. London: Sweet and Maxwell, 1957, pp. 378-381.

　　* 埃尔登（Lord Eldon, 1751-1838），英国历史上最著名的大法官之一。1799年被任命为英国大法官（Lord Chancellor），并在此职位上长期服务，直到1827年退任。他的任期长达25年，是英国历史上任期最长的之一。他在此期间主导了许多重要的法律改革和司法决策。——译者注

　　[5] *Sheddon v. Goodrich*, 8 Ves. 481, 497. 32 Eng. Rep. 441, 447 (Ch. 1803).

要想让漠视具有相对权威的先例的行为获得正当性，就需要证成该先例要么相对于法律是有错误的，要么相对于理性是有错误的，同时案件的具体情形也必定排除对如下准则的适用，即公意可以成为法律 [Communis error facit jus，其英文所表达的意思是说人们所共持的错误可以成为法律（Common error makes law）]。随着时光的流逝或者其他原因，这一有缺陷的先例却偏偏获得了这种额外的权威以至于得到了一个被永久性认可的称号，尽管它的起源是有缺陷的。

既然已经坚持在一定的条件下（尽管是非常严格的条件下），如果能够证成对先例的偏离是正当的，那么法官可以安全地偏离先例，萨尔蒙德紧接着说到，先例原则的一个最为重要的特征在于虽然法院能够创造先例但却不能废除先例。法院用以创制法律的权力纯粹是一种"补充性的"（suppletory）。当某 **43** 个问题已经被现成的法律（settled law）所调整了，那么此时法官唯一的任务就是毫不迟疑地将该法适用于所有相关的案件中。法官"无权用自己所创制的法律来替代既有法。他们的立法性权力被严格限制于弥补法律体系的空缺，用所创制的新法来填补旧法的漏洞，以及补充未得到充分发展的先例原则"。

前述讨论详尽地阐释了法官可以正当地推翻先例的条件，

那么它到底想说什么呢?* 萨尔蒙德说, 在法律理论中, 这种说法并没有什么前后矛盾的地方。严格地来讲, 先例从来都不允许被推翻。因为, 理论上我们曾经十分有力地否定过如下论断, 即 "那种所设想的法治曾经存在过。之所以如此看待先例, 并不是因为它制造了坏的法律 (made bad law), 而是因为它事实上从未创造过任何法律。它并不符合法律效力的要求……先例从一开始 (ab initio) 就是糟糕的"。[6]

在什么意义上 (甚至是十分有力地) 否定 "法院在裁判中所使用的规则从未存在过" 是有意义的呢, 对此萨尔蒙德并未进行讨论。

能够名正言顺地给予先例以尊贵地位的各种理由是什么, 当萨尔蒙德面对这个关键性问题的时候, 仅仅给出了一个十分不确定的、含糊的和隐晦的回答。他说, 所有的司法先例都是被正确地做出的, 因此出于这个法律假定, 先例应当得到遵守。一旦将某个问题提交至法院, 并且对于这个问题已经存在着已决先例, 那么法院将拒绝对这个问题重新进行讨论, 而且无论如何都不容许再度对它提起诉讼。

---

　　* 在上面一段中谈到, 先例原则的一个重要特征在于法院可以创造先例但却不能废除先例, 而同时又屡屡提到法院在某些条件下可以推翻先例, 这似乎构成了一种逻辑上的矛盾。正是在这种背景下, 此处才提出了这样一个疑问。——译者注

　　[6] John W. Salmond, *Jurisprudence*. 11th ed.. London: Sweet and Maxwell, 1957, pp. 383-384.

　　因为，可以十分肯定的一点是，它（意指先例）事实上是正确的，即便存在瑕疵，我们最好依然还是将它视作是正确的……所以一旦当某个问题在过去的司法裁决中已经被考虑过并得到了回答时，那么在此后的所有案件中当同样的问题再次出现时，法官就必须以同样的方式来回答它们。只有遵守了这一规则，司法裁判的一致性才能够得到维持，而这对于司法的正当运行是极为重要的。[7]

　　与所有其他的问题相比，萨尔蒙德提出了一个更有意义的 **44** 问题，即确切地说是什么使得法院对于一个先例的偏离是正当的。在什么意义上说一个先例或判决存在错误是有意义的，这一问题远不甚明了。此外，一个先例的错误性的重要意义——就是否应当推翻这个先例的目的而言——也悬而未决。

　　新近关于先例原则的哲学性讨论，试图将焦点集中于相似性比较的问题（comparable problems）上。令人遗憾的是，它所取得的成果常常对我们没有丝毫的帮助。作为对法律体系（无论是英国法还是美国法）的描述，这些讨论对于某些问题所表现出来的含糊其词或许是情有可原的，因为正是法律体系自身给持续一致的讨论加大了难度。作为一种对法律体系的规范性研究，它们已经指出了"法律发现"（discovered law）理论的不足，并且或许也指出了我们需要对法院推翻某个判例施加更为

---

　　[7]　*Ibid.*, p. 385.

严格的条件。但是这些分析都还十分不完整，它们并未回答一个最为重要的问题，亦即这些所谓的条件或要求到底是什么。由于未能给出使得推翻先例具有正当性的那些条件的实质性内容，也就使得我们无法从那些理论中得到一种可供操作的司法裁决程序。然而，这并不必然是说那些条件无法被严谨地阐释出来，而仅仅意味着人们至少应当认识到一些重要之事已经被（或尚未被）讨论到一种什么样的程度。

总的来说，许多评论者都会同意萨尔蒙德的分析："法院不能仅仅因为某个先例现在看来是错误的，就决定推翻它。另一方面法院可以推翻一个被确信具有明显错误的先前判决。"比如，亨利·坎贝尔·布莱克*这样写道：

先例的基本概念，是一个经由司法裁判所建立的并被预定具有约束力的规则。它既不可以被看作是一个能够被安全地遵循的典范，也不可以被看作是一个能够对后来同一向度的司法行为提供正当性证成的范例。它宣布或表达了一个法律规则或原则，它们被本院及处于其再审管辖权（revisory jurisdiction）之下的其他法院在未来裁决类似案件时所必须（而非"可以"）遵守，或者说只有在一些例外情形中并且除非拥有足够

45

---

    * 亨利·坎贝尔·布莱克（Henry Campbell Black，1860—1927），美国法学家，被誉为法律界圣经的《布莱克法律词典》（Black）第 1 版至第 7 版的主编，这本词典名字中的"Black"就取自于亨利·坎贝尔·布莱克。——译者注

强有力的理由才能对这些法律规则或原则置之不理。[8]

乍一看，对于先例规则的这个表述是无可挑剔的：先例必须（而非"可以"）被遵守，除非有足够强的理由才能漠视它们。正因如此，布莱克同意萨尔蒙德的观点，即认为在一个先例被推翻，必须要满足某些严格的条件。然而，与萨尔蒙德的讨论相比，布莱克的讨论略显单薄，原因在于布莱克并没有努力为我们提供关于"例外情形"和"足够强的理由"这些表述的具体内容。

在新近卡尔顿·肯普·艾伦*所出版的一本关于英国法的著作（《制定中的法律》）中，我们可以发现另一种有时与萨尔蒙德的理论十分相似的理论。粗略地来描述一下，艾伦的观点是这样的：一位法官不能仅仅因为某个已经被最高法院所确立的原则违背了公正（justice）和合乎时宜（convenience）的要求，就对它表示拒绝。但是，"在英国法中存在着一些基本的规则，它们比任何法院所做出的判决都更为重要，也比其他任何独立个案对法官有更强的约束力。"因此，当且仅当一个先例是对法律的正确性陈述时，法官才应当遵守它。然而，"对法官来

---

〔8〕　Black，Henry Campbell，*Handbook on the Law of Judicial Precedents*；*or The Science of Case Law*. St. Paul，Minn.：West Publishing Co.，1912，pp. 2-3.

*　卡尔顿·肯普·艾伦（Carleton Kemp Allen，1887—1966），牛津大学法理学教授，曾任罗德兹学院院长。著有《官僚主义的胜利》（1931）、《法律与秩序》（1945）等书。——译者注

说，在几乎所有的案件中那个先例都是一个对法律的正确性陈述，因为不允许他提出自己的意见用以对抗更高的权威；但是，一旦发现那个先例显而易见并且确定无疑地建立在一种错误的基础上时，法官遵守它的义务也就不复存在了。"[9]

上述论断向我们展示了如此之多关于先例的讨论所具有的令人沮丧的品质。艾伦的分析很可能是重要的；同时它也可能存在着令人失望的循环论证和空洞。如果把该主张看作一个整体来考虑的话将是有意义的，这是因为它并没有明确地阐明一些重要的假定，同时也没有明确地回答一些至关重要的问题。我们可以将艾伦的陈述进一步还原为两个具体的命题，这两个命题分开来看都是无可挑剔的，但是一旦将它们结合在一块（至少是缺乏进一步的详细说明）就出问题了，这个主张要么变得微不足道，要么表现出了一种内在的不一致性。这两个命题**46**如下，命题（1）：当某个法律规则已经被最高法院在既往判决中予以确立，法官就应当将该规则适用于相关的事实情境中，这是因为他无权判断该规则是否是公正的或者合乎时宜的。当艾伦断言不容许法官以自己的意见对抗更高的权威时，他所表达的基本上是同一个主张。命题（2）：当某个法律规则已经被最高法院在既往判决中予以确立，如果能够满足某些条件的要求，那么法官可以正当地拒绝将该规则适用于相关的事实情境。

---

[9]　Allen, *Law in the Making*. 5th ed. . Oxford: Clarendon Press, 1951, pp. 273-274.

　　这种类似的结合在萨尔蒙德的分析中也出现过。命题（1）在他关于先例不能被废除的论断以及对权威性先例的界定中都有所表现。与此同时，他也谈到在某些条件下也可以不适用某个只具有相对性权威的先例，而在对这些条件如何设定的讨论中我们能够清晰地看到命题（2）的影子。

　　对这两个命题的分析应当沿着哪个方向走下去？这个问题对我们来说是很难决定的。比如说，艾伦的论断是十分含混不清和似是而非的。他谈到存在着一些法官可以正当地偏离先例的条件，但是他却未能详细地说明这些条件究竟是什么。认识到遵循先例原则必须要附加一些条件，这并不是没有意义的。而对这些条件的具体识别可能具有更加重要的意义。有些人认为可以将命题（1）和（2）的结合还原成这样一个论断，即法官应当一以贯之地遵守先例，但在某些例外情况下除外，这种主张无疑是一种夸大其词。这种分析对艾伦来说也可能是不公平的。因为人们可能会说，从他的前提（尽管并不是十分的具体）中并不能得出一些具有更多实质意味（material significance）和肯定性内容（assertoric content）的结论与推断。此外，这两个命题也无须被当作一个同义反复来加以分析。

　　但不幸的是，当将这两个命题捆绑在一起时，也让我们看到了它们之间潜在的不一致之处。如果艾伦希望坚持这样一种主张，即认为某个先例规则的不公正或不合时宜是拒绝将其适用于相关事实情境的充分条件，那么前述两个命题之间的矛盾

就会变得更加清楚可现了。因为如此一来他将处于一种前后矛
47 盾的位置上，一方面既想坚持法官即使认为先例规则不公正或
不合时宜也不应偏离该规则，另一方面又想坚持先例的不公正
或不合时宜是法官可以正当地拒绝适用先例规则的一个条件。
所以，要避免这种前后不一致的办法就是主张：能够使得偏离
先例规则具有正当性的"某些条件"并不等同于法官所做出
"先例规则是不公正的或不合时宜的"这一判断。

然而，这一解决方案的难题在于，我们很难设想出一个标
准，既能够为偏离或规避先例规则的行为提供正当理由，而同
时又不关涉该先例规则本身是否公正。而且正如艾伦本人所意
识到的——并且其他许多评论者也已经意识到了这一点——一
个驳斥命题（1）的最强有力的论点，在于一个法律体系中的遵
循先例原则本身是允许推翻法律体系的基本目标的（亦即正义
的实现）。[10]

因此，假定艾伦的意思并不是主张法官应当在决定先例是
否应适用于当前案件时应使用一个与正义标准不同的标准，那
么他关于先例的那一公式化的表述又是想说什么呢？他可能持
有一种与萨尔蒙德类似的观点，即法官或法院认为某个先例规
则是不正义的这一事实并不是推翻先例的一个充分条件。而这
可能只是一个必要条件，在证成偏离先例的正当性时还需要提
出其他的一些因素。

---

　〔10〕　比如说，*ibid.*, p. 276.

如果这就是艾伦所想要表达的观点，虽然他提出了一个很重要的问题，但是这一问题并没有获得令人满意的回答。再一次地，他并没有说清楚这些关键性的充分条件到底是什么。不幸的是，在这一点上他并未求助于萨尔蒙德关于充分条件的论述。其实他们也一样，都存在着一些分析上的严重缺陷。

我们可以回想一下，萨尔蒙德的前两个条件是相关的先例规则存在着"错误"。进一步地，"错误"要么被界定为是"违背法律"，要么被界定为是"违背理性"。而正是后面的这个表述增加了我们分析的难度。

萨尔蒙德对"违背法律"做了进一步的界定。他声称，当 **48** 眼前案件有先例可循而法官偏偏又创造了一个新的先例时，这个被创造的新先例就是有违法律的。他继续说道，这必然是法官犯错误的一个条件，因为"当某个案件已经被现成的法律所调整时，法官唯一的权利和义务就是适用这一法律"。[11]

然而，这是一个古怪的和自相矛盾的论证。因为这一研究的最初目的，就是要确定在何种条件下法院对某个先例的偏离是正当的。而现在的情形看起来似乎是这样的，如果先前的一些法院已经偏离了一个较老的先例，那些条件才能够获得满足。

---

〔11〕 John W. Salmond, *Jurisprudence*. 11th ed.. London: Sweet and Maxwell, 1957, p. 381.

因为，如果某个后来的法院查明并确定事实*的确如此的话，那么该法院就可以基于"先例应当被遵守且不得被废除"而拒绝适用那个"新的"或"产生时间较晚的"先例。换句话说，如果存在着一个产生时间上更早且对当前同一问题具有约束力的先例，该先例就不应当被遵守。正是由于这种对新先例的偏离才使得再次回归较老的先例具有了正当性，因此结果似乎是任何一种对于先例的偏离都是不正当的。

通过坚持只有"错误的"产生时间较靠后的先例才可以不被遵守，当然可以避免前述难题。但是，这只会重新将我们带回那个老问题，亦即什么才能够决定一个对于先例的偏离是"错误的"。

萨尔蒙德对于"违背理性"的界定同样也是不确切的。他表面上看起来似乎是在主张，当创制先例的那个法院并没有确立一个合理的规则时，该先例就将是违背理性的。眼前案件由于缺乏一个可供适用的正当先例，便迫使法院去创造一个新的先例规则，"遵守理性的要求是他们的义务，而一旦他们没有做到这一点，它们的先例裁决就是错误的，并且该裁决中所包含的先例规则所拥有的也仅仅是一种有缺陷的权威。"[12]

有谁会不同意这一观点呢？法院在制定规则和阐述规则方

---

* 此处的"事实"意指，在此之前的法院在面对某个与其正在处理的案件相关的具有约束力的先例时，非但没有遵守反而还有意偏离并因此创造了新的先例。——译者注

[12] *Ibid.*

面的确应当符合理性。但是，含糊其词地宣称"一个规则不合理"便是"违背理性"，这其实等于什么都没有说。然而，这并不意味着每个关于合理性标准的主张因此都是空洞的。事实上可能有些时候，某些前提或假定仅仅由于自身所固有的或不言自明的合理性而必须被接受或拒绝。但是，这一坦诚之见让我们对如下主张仍然心存疑虑，它认为这种要求（意指"违背理性"的标准——译者注）对于司法裁决中特定先例或普通法律规则的评价是完全充分的。

49

　　我们必须还要考虑一下另外一种可能。正如我们所已经指出的那样，萨尔蒙德与艾伦——以及事实上其他许多讨论过先例的学者——可能是在致力于指出：在推翻先例之前，除了规则的"合理性"之外，法院还应考虑其他一些因素。我们从他们的讨论中可以看到这样一些迹象，这些应被考虑的其他因素与在法律体系中引入新的先例所产生的各种后果是相关的。用前首席大法官斯通*的话说，他们可能是想表明仅仅只有当"一个裁决失误的弊害远大于其革新所带来的弊害"时才应当推翻那个先例。[13] 现在，尽管这一论断也是同样的含混不清，但它的确也指出了一个十分重要的观点，亦即指出了一类极易被忽

---

　　* 哈伦·菲斯克·斯通（Harlan fiske Stone，1872—1946），美国著名的律师、政治家，曾任美国最高法院大法官（1925—1941）和美国首席大法官（1941—1946）。——译者注

　　〔13〕 *United States v. South-Eastern Underwriters Association*，322 U. S. 533，594（1944）.

视的考量因素。*

　　前面介绍了一些有关先例原则的经典解释，我希望这些讨论已经做到了以下几点：首先，我已经描绘出了此类分析所存在的一些相对不确切性；其次，我也已经列出和初步检讨了某些关于偏离先例的观点以及对这些问题的进一步追问；最后，我还简要讨论了有关遵循先例原则的悖论（paradox）。这一悖论源自渴望在同一个法律体系中糅合两种看似互不兼容的观点：一种观点主张法律规则一旦被建立起来就不得再更改；另一种观点则坚持认为法官不应当固执地"作茧自缚"（forging fetters for their own feet）。[14] 这一悖论所带来的全面影响尽管在大多数有关遵循先例原则的讨论中已经有所论及，但由于这些分析仍然是笼统的并且所使用的术语也是含混不清的，结果导致这一全面影响部分地被遮蔽了。但是，我们不应过早地对这个问题**50**下定论。本研究后面部分的一个目的就是要更加直接地讨论这两个目标，同时在那些章节中我也会讨论一种在二者之间的调和所可能实现的方式。然而，在着手进行这项工作之前，我们有必要检讨另一种关于先例原则的不同适用方法。

　　学者们并不总是以一种似是而非的方式讨论遵循先例原则。

---

　　* 在本书的第七章中，我论及了一种有关"在作出这种比较性判断中会涉及何种因素"的相当全面的检讨。在这里，我们仅仅只需指出这类考量因素是可能存在的。

　　[14] John W. Salmond, *Jurisprudence*. 11th ed.. London：Sweet and Maxwell, 1957，p. 386.

许多法哲学家，尤其是美国的法哲学家，很快找到了遵循先例原则在英国法中的含义与在美国法律体系背景下它所可能具有的意义之间的显著差别。此外，很有意思的一点是，美国而非英国的学者认为英国法院拒绝将先例适用于相关案件从来都是没有道理的。[15]

就美国学者对于遵循先例原则的关注程度来看，大家几乎一致主张存在着两种而不是一种遵循先例的原则。比如说，马克斯·瑞丁*指出，与美国的遵循先例原则或自由的遵循先例原则大大不同，还存在着一种严格的遵循先例原则。[16] 根据这种严格的遵循先例原则，法院要受其自己的先前判决以及所有上级法院的先前判决的约束。这一理论并未提供在何种情形下法院可以偏离或改变某个先前已被坚持和遵守的先例。拒绝适用先例规则的唯一正当理由在于，眼前案件的事实并不受那一先例规则的调整，也就是说，当前案件的事实无法被归入先例规则所描绘的那些事项的类别之下。

---

[15] 正如我们所已经观察到的那样，大多数英国学者并不会完全同意这个提议。比如说，萨尔蒙德和艾伦都坚持认为废止先例的条件也可能是遵循先例原则的一部分内容。尽管如此，仍然有一些英国的评论者似乎接受先例必须一直被无条件地遵守的观点。参见 William S. Holdsworth, "Case Law," 50 *Law Quarterly Review* 180 (1934)。同时也有几个非常重要的英国先例，它们十分明确地表明了此类先例对上议院的制约（详细讨论，请参见本书第四章）。

* 马克斯·瑞丁（Max Radin, 1880—1950），美国著名法学家，曾任加州大学伯克利分校法学教授。——译者注

[16] Max Radin, "Case Law and Stare Decisis: Concerning Prdjudizienrecht in Amerika," 33 *Columbia Law Review* (1933)，第 199 页及以下。

美国的遵循先例原则或者自由的遵循先例原则，则是大大不同的。"正如在美国所适用的那样，遵循先例是一个技术问题。无论法院通过什么样的方式获得裁决结论，他们都被期望能够将其正在裁决的案件事实置于一些一般性的既有裁决之下。"[17] 许多学者已经指出，自由的遵循先例原则为先例的灵活适用和发展留下了空间；在它的支配之下，先例不必始终被遵守。由此，这一观点主张，遵循先例原则本身既考虑到维护确定的预期，同时又容许一定的革新。一位评论者，冯·莫斯契茨科*法官，已经试图以如下方式描述美国的先例理论。如果法官找到了一个针对眼前案件的先例，并且该先例的运用将导致一个对当事人双方都不公平的结果，"那么在此情形下法官的首要义务就是要去检视该规则，看看先前的那些案件的事实与眼前的这个案件的事实是否相似；而如果切实难以分清它们之间究竟是否相似，那么紧接着他的第二项义务并不是盲目地接受那些先前的裁决，而是在将它们作为有约束力的先例加以采纳之前根据它们的法律约束性和正确性来说服自己。"如果法官能够分析得出先前的那些案件是被错误地裁决出来的——也就是说那些先例是不妥当的——他们就可以公开地推翻这些先例。这主要是因为，如果遵循先例原则要求先例一律都应被遵守，

---

〔17〕　*Ibid*., p. 212.

＊　罗伯特·冯·莫斯契茨科（Robert Von Moschzisker, 1870—1939），美国宾夕法尼亚最高法院首席大法官。——译者注

而不管这么做会对我们的社会带来多少好处或坏处，那么这一先例原则就会很容易受到批评，因为它对于确定性的寻求所付出的代价太大了。至少美国的遵循先例原则，能够给予法官在适用先例上更大的灵活性，并且因此尽可能避免那些潜在的弊害。[18]

二十世纪另一位研究美国法律体系的学者，以一种十分类似的方式这样写道：

判例法（case law）并不完全受过去几代先例的约束。毫不动摇地坚持遵守先例原则不过是一种"法律神话"，或者说它也只不过是一种宣传正义的有益格言。虽然"确定性是法律的基本品质"，但是法院仍然是可以改变法律的。这主要表现在，当一个先例规则未能充分地给予一些应予考虑的因素以适当的照顾或者考量了一些不合时宜（out of due time）的早先案例而被认为是错误的时候，又或者是当"在条件已经发生了改变的情形下，那一先例规则已经明显地变得有害于我们的社会"[19]时，法院会推翻或者修改那一先例规则。

在一个法律体系内研究先例存在的各种可能的正当理由，

---

〔18〕　Robert von Moschzisker, "*Stare Decisis* in Courts of Last Resort," 37 *Harvard Law Review* 4（1924），412，414.

〔19〕　Cuthbert W. Pound, "Some Recent Phases of the Evolution of Case Law," 31 *Yale Law Journal* 361（1922），363.

至少就这一目的来说，有三种理由反对我们将前述论断作为对先例原则的完全充分的阐述。这三种理由具体是：

（1）在许多情况下，所谓自由的遵循先例原则与艾伦或萨尔蒙德所说的英国法中的遵循先例原则并没有什么明显的区别。并且，就自由的遵循先例原则与严格的遵循先例原则的相似性程度而言，先前所提及的那些大多数（如果不是全部的话）问题再次出现了。主张法官仅当说服他自己一个先前的裁决是"正确的"时候才被要求将该裁决作为一个有约束力的先例来采纳，实际上只是将问题束之高阁而并未对其给出十分清楚的解**52**释。"法律上的"（legal）正确性这一概念仅仅只是一个十分模糊的概念。它毋宁只是有力地表明了实在法是评价实在法的标准，人们可能会想到，这正是法律实证主义者所早已十分令人信服地表明的一个观点——这一观点说得好听一些是不甚清晰，而说得难听一些则是自相矛盾。此外，即使该观点还有别的什么意思，"什么能够构成法律上的正确性"这个真正有意义的问题仍然悬而未决。

（2）下面这种观点或许更为重要，它主张：如果当且仅当在这些先前的裁决是"正确的"条件下，法官事实上才受到这些先前裁决的约束，那么我们立刻就需要追问以何方式讨论遵循先例才是有意义的呢？因为，如果遵循先例原则真的具有什么重要意义的话，那么这势必意味着：先例原则之所以被遵守，原因并不在于它们是"正确的"先例原则，而仅仅在于它们是先例原则。比如说，一个关于遵循先例原则的新近讨论指出，"法官偏离先例的权利和遵循先例原则本身一样被牢固地确立于美国的法律体系中。一些对在特定情形下偏离先例提出批评的教科书编撰者和持异议意见的法官，从未质疑过法院在适当情形下拥有可以这么做的权力"。[20]

尽管如上论断可能是很有道理的，但它同样也难以解释遵循先例原则到底会是什么样的。如果允许先例原则被偏离，那么遵循先例原则就无法成为一个规定先例应当被始终遵守的原则。如果是这样的话，既然先例可以被公认地推翻，那么再坚持说遵循先例原则被牢固地确立于美国的法律体系中便无意义了。如果遵循先例原则表示只有在某些特定的情形下才允许偏离先例，那么法官偏离先例的权利就成了遵循先例原则的一部分了，而不是独立于先例原则之外被牢固确立于美国法律体系中的一个独立性原则。

（3）为什么有关遵循先例原则的绝大多数讨论是如此地难以令人信服和满意，可能还有一个原因我们迄今尚未提及过。它认为，如果所谓自由的遵循先例原则理论坚持当且仅当一个先例原则是"正确的"时候才应当被适用于一个特定的案件中，**53** 那么对那一理论的分析似乎仅仅只包含一种对整个法律推理和裁判过程的严格分析。尽管这无疑是一项必要而又可欲的事业，

---

[20] Henry Ellenbogen, "The Doctrine of *Stare Decisis* and the Extent to Which It Should Be Applied," 20 *Temple Law Quarterly* 503（1947），504.

但这并不意味着有什么独特的意义能够归之于遵循先例原则。它主张对遵循先例原则的分析其实就是对整个裁决过程的研究和描述，并且避免了一种对先例原则进行独立评价的必要——事实上，它排除了这样一种独立评价的存在。此外，它主张除非在整个裁决过程的框架之下讨论遵循先例原则，否则对这一原则的任何讨论都是不充分的，尽管以上这一点可能被证明是正确的，但是将遵循先例原则等同于裁决过程本身则完全是两码事。否认（即使是出于分析的目的）能够将遵循先例原则当作一个独立的事物，使得一些明智的批评变得更加地困难、抽象和无用。

先例原则重述

以上分析指出，先例原则可以被解释为特定案件的三种独特裁决规则中的任何一种。这三种可能的裁决规则可以被分别解释如下：

（1）"遵循先例原则仅仅要求法官以某种方式在眼前案件中的裁决与过去所作出的裁决之间建立起联系。"在这个解释之下，先例原则仅仅是一个司法评注（judicial exposition），而并不是对于案件裁决的正当性证成。它规定了司法意见（judicial

opinion）应予写作的技术，而不是案件裁决应当被证成的
程序。*

（2）"遵循先例原则要求除非有充分的理由拒绝运用先前较
早案件中所确立的规则，否则法官都应当以过去类似案件赖以
被裁决的同样方式来裁决眼前的案件。"在这里，对裁决进行正
当性证成的逻辑已经被清晰地提了出来。但是，正如我们在前
面所看到的，阐明"充分的理由"这一表述是对被提出的正当 **54**
裁决程序进行批判性评价的一个先决条件（precondition）。**

（3）"遵循先例原则要求，如果眼前案件与先前较早案件是
相似案件，那么眼前案件就应当以先前较早案件的那种裁决方
式而被裁决。"

在对于先例原则的这一解释之下，案件的裁决必须与对该
案件具有约束力的先例保持一致，这是任何特定案件（也就是
那些与先前较早案件的事实在本质上相似的案件）的裁决获得
正当性的一个充分且必要条件。

第三种阐释的优点（如果有的话），在接下来的一章中将会
有更加广泛的讨论。它的某些形式上的优点值得在此处先简要
地提及一下。关于先例原则的第三种论断的最为重要的优点，

---

* 这种对于遵循先例原则的阐释，表明了存在着其他一些证成案件裁决结论的
程序。对于先例原则的这种说明能够被十分一致地包容于衡平裁决模式中，对此在
第一章中略有提及，并且在后面第五章中我们还会有更加充分的讨论。

** 这一裁决规则描绘了二阶裁决程序的特征，对此在第七章中还有进一步的阐
述和评价。在那里，我们会尝试对"充分的理由"这一表述做出说明。

在于它既不是含糊不清的也不是模棱两可的。这一解释排除了遵循先例原则与以下相混淆的可能：

> 尊重一个位于我们之上、明智而又公正的权威者……如果法院对于某个先前裁决的遵守，仅仅是因为它是由一个令人敬畏的统治者所发布的，因为它是一个正确的裁决，因为它是符合逻辑的，因为它是公正的，因为它与权威的分量是一致的，因为它已经被普遍地接受和遵守，因为它能确保获得一个对社群有益的结果，那么这根本就不是遵循先例。做出这样的适用先前裁决的行为，或者说先前的裁决之所以必须被遵守，仅仅是因为它是一个在先前被确立的裁决，除此再无其他任何理由了。[21]

对这个有关先例原则的阐释在分析上所施予的限制，为我们提供了这样一个规则，它使得我们在不直接讨论整个司法裁决程序的前提下能够评价以上那一阐释的优缺点。毫无疑问，像这样间接地对法律裁决过程的讨论是不可避免的。因为，一旦在这种解释与整个司法裁决过程之间画等号，一些严肃的反对意见很显然马上就会浮现在我们的脑海当中。但是，如果将先例原则看作是这样一个裁决规则，即它明确地指明了所有特

---

〔21〕 Max Radin, "Case Law and *Stare Decisis*: Concerning Prdjudizienrecht in Amerika," 33 *Columbia Law Review* (1933), 200.

定类别的案件应予以裁决的方式，那么关键的问题就变成了判 **55**
断这样一种裁决规则在任一法律体系内将扮演何种角色。

　　第三种有关先例原则的解释提供了一个范围足够精确的规
则，以至于对其进行可欲性的独立评价失去了可能。这个对遵
循先例原则的论断（尽管它也有一些明显的矫揉造作），将被运
用于对三种法律证成程序中第一种的分析中，因此现在我们开
始对它的讨论。

第四章

先　　例

　　这里我所要讨论的先例程序仅仅拥有一个裁决规则，它规定当且仅当某个特定的裁决只有从既定的（extant）法律规则——也就是先例——中推导出来时才能够获得其正当性。在这种裁决程序中，既然只有法律规则才能为司法裁决提供有效的正当性证成，因此规则是十分重要的。当许多法哲学家肆意痛斥"演绎主义"（deductivism）或"机械法学"（mechanical jurisprudence）时，或许这就是他们所试图攻击的那种形式的遵循先例原则。正如我们已经看到的那样，这种"演绎主义"之所以一直备受批评，原因在于它无法成功地允许法律体系对一个不断发展变化的社会中所经常存在的问题加以考虑。很显然，先例裁决程序连贯一致的运作与进步、启蒙以及自我修正的观念是如此地格格不入，以至于人们确实可能会怀疑它是否还值得我们认真地对待。

　　然而，我们刚刚已经看到了，许多人认为先例构成了判例法体系的精华，它体现了在"法治"（the rule of law）这个概念中一切真正有价值的事物。尽管盲目和固执地遵守规则这个想法从一开始就表现得似乎有些荒谬，但是"存在规则不被遵守的法律体系"这一观念却被其他人视为一种更大的荒谬。当然，还必须要指出的一点是，在很多情形下诉诸先例已被英美国家的法院当作是对特定裁决的唯一可能的证成。

需要承认的是，我在本章通篇所分析的那种证成程序，并不必然是一幅关于法院用以裁决案件的程序或者已被确立的裁决规则的精确图像。它并未考虑到一些不特定的"例外情形"（exceptional cases），也未考虑到研究这一问题的某些学者所提及的那些尚未得到阐明的"最强理由"（strongest reasons）。尽管如此，此处我们所研究的这一程序的确保留了实践中被使用或理论上被描绘的先例的许多核心特征。如果说在这种裁决正当化程序的背后潜藏着一些缺陷，或者如果说它有着什么内在的优势，那么在对它进行讨论的过程中我们可能会更加清楚地审视这些优势和缺陷。或者至少也可以这样说，倘若在我们的讨论中能够产生一种令人完全信服的对于该裁决程序的证成，这将多少会让人感到意外。但是，它能使我们对于"相关的理由"和"有说服力的理由"获得更加深刻的理解，这一点是可以做到的。

太多有关先例原则的论证，都已成为法律哲学的重要素材。它们中的一些认真而又有说服力地尝试对裁决程序进行正当化证成，而另一些虽然深思熟虑但却不太让人信服。此外，还有其他一些仅仅是对先例原则的可敬意涵进行大肆赞美。一种全面深入的分析要求我们至少回答如下两个一般性问题：第一个问题是，遵守裁决规则这个事实与作出那个被宣称的裁决结果之间是何种关系？对此需要我们深入地探究一下。也就是说，大多数对于先例原则的证成依赖于这样一个主张，即该原则连贯一致的适用将会导致一个特定目标的实现。因此，第一个问题包含着一种对于经验性宣称——先例原则是实现特定目标的一个富有成效的方式——的检讨。第二个问题假定了先例原则的因果效力（causal efficacy），但是对它所可能实现的结果是否可欲则表示怀疑。与其规范性的品格相一致，这一研究进路比较了所欲实现的结果与其他一些（通常在法律体系中起作用的）目标之间的关系。

在着手研究这种司法推理模式的四个主要的正当性理由之前，有必要先来展示一个运用了先例裁决程序的真实司法裁决，**58** 这将会有助于我们下文的分析和讨论，而且也有助于我们对该裁决模式的某些方面做出更为具体和生动的阐释。

在十九世纪初期，塞缪尔·约翰·比米什博士在爱尔兰的科克郡拥有好几处房产。他有两个儿子，老大叫塞缪尔·斯韦恩·比米什，他是一名牧师，老二叫本杰明·斯韦恩·比米什。1831年老大爱上了一位叫伊莎贝拉·弗雷泽的年轻姑娘。出于一些不为人知的原因，他想和这位姑娘结婚却无法获得自己父亲的同意。因此，这对年轻的小情侣采取了一种常见的办法（与今天相比，当剥夺继承权是一种婚事遭到父母反对的更为严厉和常见的后果时，人们往往会走这条路）——秘密结婚。这场婚礼举行的是如此地秘密，以至于事实上只有他们两个人出席（他们俩原本就是这么打算的），这位新郎利用自己牧师的身份主持和参加了婚礼仪式。许多年以后，塞缪尔·约翰·比米什博士和塞缪尔·斯韦恩·比米什牧师都相继去世了，亨利·艾伯特·比米什——那场秘密婚姻的长子，同时他也是塞缪尔·约翰·比米什博士的长孙——向法院提起诉讼要求继承祖父的房产。他的这一请求却遭到了叔叔本杰明·斯韦恩·比米什的反对。他叔叔向法庭提出的理由十分简单，认为哥哥和伊莎贝拉之间的那场婚姻是无效的，因为他俩并不是在一个牧师（该牧师不能是新郎）的主持下完婚的。根据英国的普通法这场婚姻是无效的，亨利·艾伯特相应地也就成了一个非婚生子（illegitimate child），他因此无权要求继承任何房产。

对于门外汉来说，这个案件的事实似乎有些让人难以置信。当客户成功地以一种不同寻常的和意想不到的方式使律师们陷入困境时，而只有在这个意义上律师面对这个案件事实才会感到紧张不安。门外汉和律师或许都会意外地（如果不是震惊的话）发现眼前这个案件并不是一个新案件，事实上对此已经存在着一个先例。就在二十年前，同一个法院（也就是上议院）已经对同样的问题（identical question）做出了裁决。在"女王诉米利斯"（*The Queen v. Millis*）[1] 一案中，人们普遍认为上

〔1〕　10 Clark and fin. 534；8 Eng. Rep. 844（1844）.

议院已经很严肃地宣布了以这种秘密方式所缔结的婚姻是无效的。

59　　下面是从大法官（坎贝尔勋爵）在"比米什诉比米什"（*Beamish v. Beamish*）一案的判决意见中摘录的部分内容：[2]

　　我尊敬的法官阁下，眼前的这个案件是根据再审令（by writ of error）而被提交至这里的，并要求按照本议院 1844 年在"女王诉米利斯"一案中所确立的先例规则来推翻错误的原审判决。我本不应迟疑不决地建议阁下维持那个支持婚姻的合法有效性以及被告的合法身份的原审判决。这一特殊的裁决确立了一种"根据现在诺言的婚约"（*per verba de praesenti*），亦即在没有任何进一步的仪式下男女双方准备和接受对方为夫妻。此种婚约的效力，将取决于"哈德威克勋爵婚姻法"（1753 年乔治二世在位时所颁布）之前英国普通法中关于婚约的习惯法；在那一案件中要是没有丈夫被主教授命为牧师的事实，根据习惯法我本应该会说这本身是一个合法的婚姻（*ipsum matrimonium*），它赋予了当事人双方以及确保他们的孩子能够从一个有效的婚姻中获得所有民事权利……（坎贝尔勋爵紧接着继续强调威利斯大法官的判决意见——这一意见是在被引用的那一案件中所提出来的——清楚明白地表明"女王诉米利斯"案已经误导了先前的司法实践，因此在英国的普通法之下这两个案件中的婚约

---

〔2〕　9 H. L. C. 274；11 Eng. Rep. 735（1861）.

都是合法有效的。）……然而，本议院的判决现在必须被看作是：在宗教改革运动之前，缺少一位受命于主教的牧师的在场，或者在那以后缺少一位牧师或执事（deacon）的在场，一个婚约永远都不可能是有效的……

尊敬的阁下，"女王诉米利斯"一案的判决，即除非一位被特别授命的牧师出席婚礼仪式，否则的话那一婚姻就是无效的，无论出于何种民事目的都不能使之发生效力，相应地那一婚姻之下的孩子也就成了非婚生子女，这一结论对我来说是如此的差强人意，以至于我深信应责无旁贷地求助于一种特别程序，也就是在阁下的议事录中进入一种抗议那一裁决的程序……

如果我能够这么做的话，现在我想请阁下重新考虑一下"女王诉米利斯"案中所确立的先例原则，尤其是那些被提出质询、被抱怨没有花足够时间考虑就匆忙给出意见的法官，和那些倾听论辩并对"那一被上诉的与先例原则相违背的判决应被推翻"这一问题投票的议员，他们基本上平分秋色。

但是我责无旁贷地要说，既然那一先例裁决是被全体一致地（nemine dissentiente）宣告的，那么阁下就要受到它的约束，并且阁下正襟危坐于这个帝国最有权威的和最高的司法殿堂之上所确立的那一法律规则——作为裁决的理由和基准——在被议会的法案改变之前也必须被当作法律来看待，这是为贵族、平民以及阁下所同意的。阁下作为判决理由（ratio decidendi）**60**所确立的那一法律，无疑对所有下级的法院均具有约束力，并且它对所有其他臣服于女王的臣民也具有约束力。如果说阁下认为它并不能够平等地约束各位的话，那么本议院将会僭取改变法律的权力，并且凭借自己独立的权威来进行立法。[3]*

在听了这几个短短的附随意见**（concurring opinion）后，上议院最终采纳了坎贝尔勋爵的主张，并将塞缪尔·约翰·比米什所留下的房产判给了本杰明·比米什。

坎贝尔的主张承认存在着几个方面的因素，它们使得对先例的证成变得有些困难。请考虑如下四个方面的因素，在一种常识性的意义上它们都反对遵守先例，而在眼前的这个案件中它们都有所体现：

（1）那个判决意见清楚地表明了这样一个事实，即假定法院所面对的这个问题是头一次出现，那么他们将会采纳一个与"女王诉米利斯"一案中所适用的规则相反的规则。

（2）需要承认的是，"女王诉米利斯"一案中所适用的规则建立在一种事实上对先前司法实践的错误理解的基础上。

（3）对于最初确立那一规则的法官，声称他们缺少进行充

---

[3]　*Ibid.*, pp. 334–339.

＊　坎贝尔勋爵这一司法意见的一个十分重要的意义，在于确立了上议院与其他法院一样，应受到它自己的判决的约束，因为这些判决是在制定法律，而法官自然要受到这些法律的约束。——译者注

＊＊　也译成"附加意见""并存意见""附和意见""协同意见"等，是指少数法官对多数决认定的结果表示赞同，但是对其判决的理由有所非议或者认为须另行增加理由。——译者注

分考虑而必需的时间。

（4）即使是那一原初的规则事实上也并未获得法院的多数支持。尽管存在着这些因素，法院仍然认为自己应当受到"女王诉米利斯"这一先例的约束。当然，法院也许仅仅在遵守先例方面是错误的。但是，如果是这样的话——的确有一些其他的法院这么说并且也这么做了，那么关于先例的内容要远远比我们表面上看到的多得多。

遵循先例原则的主要理由

确定性

那些时常被人们确定无疑地当作对遵循先例原则的证成而加以引用的理由，在于该原则连贯一致的适用能够确保法律体系获得某种程度的确定性，而这种确定性在偏离或者推翻先例原则的情形下是不可能实现的。

比方说，有人主张遵循先例虽然可能会产生一些不可欲的后果，但在一些法律是确定的案情中，遵循先例原则无疑是重**61**要的。也有人断言："法律的存在就是为了确保实现一种社会控制力量所欲设定的秩序。它的目的在于统一人们的行为，以便让社会中的每一个人都知道在某些情形下另外一些人可能会如何行动，这是获得安全保障的核心所在。"[4] 类似地，也有人认为遵循先例是确保未来获得确定性的最可靠办法。"由于法律具有一般性，人们能够预测一些尚未进入诉讼的案件的法律后果，以此来计划自己未来的行为，从而尽可能减少不确定性。"[5]

埃德加·博登海默*以更加强烈的措辞坚持了这一点："通过将统一的裁判标准运用于不特定数量的完全相似或非常相似的事实情境，我们在社会秩序中注入了一种稳定性和一致性的要素，它们可以确保内部的和平并且为一种公平和公正的司法运转奠定基础。"[6]

再者，在为数不多有关先例原则的十分全面的讨论中，[7] 有一种可以概述如下："从英国人的角度来看，遵循先例最终的也是最为重要的理由在于它能够让我们获得法律中的确定性。正如埃尔登勋爵所言：'维护法律的确定性总比让法官根据个人的揣测去改进法律要好得多'['谢尔登诉古德里奇'案（*Shed-*

---

[4] Wade, "The Concept of Legal Certainty," 4 *Modern Law Review* 183 (1941), 185.

[5] Edwin Patterson, *Jurisprudence: Men and Ideas of the Law*. Brooklyn: The Foundation Press, Inc., 1953. p. 97.

* 埃德加·博登海默（Edgar Bodenheimer, 1908—1991），美国综合法学派创始人，代表著作是《法理学——法律哲学与法律方法》。——译者注

[6] Bodenheimer, "Law as Order and Justice," 6 *Journal of Public Law* 194 (1957), 199.

[7] Goodhart, "Precedent in English and Continental Law," 50 *Law Quarterly Review* 40 (1934).

don v. Goodrich, 8 Ves. 497） ］。"[8]

　　值得注意的是，对于先例原则具有何种特征，这些学者所提到的是可预测性而不是确定性；能够提前预测司法裁决结论，人们常常将其归结为先例裁决程序的一大优点。那么问题就来了，遵循先例原则与先例的可预见性之间是一种怎样的关系呢？

　　某种裁决程序可以确保裁决结论的可预测性，而支持该裁决程序存在的第一个理由在于我们渴望得到一种能够预测未来的更为普遍的能力。人们应当能够预测其行为的后果，因为正是通过这一方式他们才能更加有力地控制周围的环境，并改变和形塑未来事件的发展进程。什么是一个理性的行动计划呢？这一问题背后所隐含的是一种先知先觉（prior awareness）的存在，是一种对行为选择过程中各种可能后果进行评价的存在。 **62**

　　预测行为后果的能力在采取具体行动之前通常是可欲的，如果我们承认这一点的话，那么由此可以断定：那些使得人们能够借以预测其行为之法律后果的计划和程序同样也是可欲的。原因在于，在很多情形下法律后果就是与一个特定目的的实现最为相关的考量因素（considerations）。

　　对人们来说，预测行为后果之能力的重要性同样也可以从心理学上得到证成。这种观点主张，人类对于安全有着一种十分强烈的渴望。人类最为根本的需求之一，就在于能够控制周

---

[8]　*Ibid.*, p. 58.

围的环境。只有在一种变化——如果这种变化真的会发生的话——是有规律的并且因此能够被提前预测的环境中，才能够最大限度地满足这种需求，才能最充分地实现安全感，才能更加成功地控制周围的事物。

在某种程度上，倘若秩序、规律性和稳定性确实是法律体系的本质属性，那么对于这种安全需求的认识便能够解释在一个法律体系内先例原则存在的原因。[9] 然而，如上所述，心理学的论证并不能完全证成可预测性或确定性能够作为法律体系的目的。对于稳定性的心理需求，在本质上未能为直接推导出那一结论——可预测或确定性作为法律体系的目的是可欲的——提供论据。人类对于稳定性心理需求的认识仅仅只允许推导出如下结论：对于安全的寻求可以事实上促使我们在许多法律体系中引入先例原则，并且这可能是先例原则持续存在的原因。

然而，如果将重点放在这种对于确定性之寻求的普遍性（pervasiveness）和集中度（centrality）上，那么这一命题（作为一种证成）将会变得更加地吸引人。也就是说，主张对于安全的渴望解释了先例原则的存在理由是一回事；而宣称人类必须谋求秩序则完全是另外一回事。人类必须力求建立一种具有

---

〔9〕 参见 Bodenheimer, "Law as Order and Justice," 6 *Journal of Public Law* 194 (1957), 196. 博登海默说："人类在社会控制和统治的过程中对于秩序、规律性以及可预测性的向往，导致了法律规制中一个特有伴随物的出现，即我们会在法律中注入一些规范性的要素。"

普遍预测性和秩序性的体系，这一事实可能并不意味着此种事
态因此就是可欲的。尽管如此，那一规范性判断——认为建立 **63**
一种具有普遍预测性和秩序性的体系必然是不可欲的——多少
也有些邪恶。将一种"好的法律体系"与"实际的法律体系"
等同起来，使道德批评变得毫无意义或无足轻重。但是将一种
"好的法律体系"与"可能的法律体系"对立起来，就等于是
宣告美德变成了一个无望的幻想。基于这一点，人类对于确定
性的基本需求这一断言，作为一个心理学上的证成还需要获得
更多相关的论据。[10]

　　或许还有一些人，他们可能并不会同意前述观点。这些人
会极力主张，可预测性在本质上是不可欲的。但是更多的人会
认为，一个具有可预测性的法律体系的价值仍然会受到严重的
质疑。尤其他们可能会十分强烈地坚持：即使确定性是支持那
一观点的一个必要条件，但它并不是一个充分条件，故而一个
结论具有可预测性的法律体系并不因此就是可欲的。在一个特
定的法律体系内可预测性是可能的，观察到这一现象并不能因
此阻止我们对这一法律体系的可欲性作进一步的检讨。

　　要求法律体系或者其他任何制度具有确定性，实际上是对
其必然构成（inevitable composition）施加了一种重要的形式结

　　[10]　这一主张也可以被看作是那些服从于法律体系的人们所遭受的影响。它
认为一个完缺乏这种稳定性特征的法律体系，只会让人们"像在一个杂乱无章和
变幻莫测的自然界中一样，在有秩序的社会中也感到不安和无助"。Bodenheimer,
ibid., p. 199.

构。满足于将确定性作为主要属性，仅仅要求某个结果在其发生之前应当是能够被预测到的。它实际上是以某种方式将这些结果——它们以一种有序的、确定的形式反复出现——的性质存而不论。像其他许多纯粹的形式性要求一样，它也十分容易与那些实质性要求相混淆。

这一论点并没有什么新颖之处。但是，我们不能因为对它熟悉就滋生大意或轻蔑之感。结果的确定性可能是任何法律体系都值得具备的属性；它的存在并不能确保任何法律体系本身就是可欲的。因此，基于这个原因，对于确定性的这一讨论既可以被理解为是一个含蓄的劝告，也可以被理解为是一个明确的赞扬。我们不能仅仅因为一个法律体系的结果具有事先可预测性的优点，就以此断定该法律体系一定是一个理想的法律体系。

正如我此前所指出的，如果想用上述论证来为先例原则提供正当性证成，那么它最终要依赖于如下这个主张的有效性，即一个将先例作为唯一裁决规则的法律体系事实上能够带来确定性。现在我们必须简要地讨论一下这个主张。

从表面上来看，先例原则似乎是实现确定性的最显而易见的方法。一旦某个法律规则被确立下来就应当毫无例外地运用于该规则所调整的所有案件，除了坚持这一点之外，还有什么更好的办法能够确保后果的规律性——并因此是一种可预测性——呢？如果先例原则得到了十分严格的遵守（并且在某个法律体系中先例是唯一的裁决规则），而一旦我们获得了对相关规则的认识，那么对于未来后果的认识似乎就是可能的。

尽管如此，那一经验性命题——如果将遵循先例当作唯一的裁决规则来运用，那么它就会为我们带来确定性——的真实性仍然是备受争议的。威格摩尔＊的分析是一种典型的拒绝规则之动因力（causative power）的例子。

法官要受到先例的约束吗？对于这个问题我们不应表现出这般的困惑。作为一个绝对性的教义（dogma），遵循先例在我看来似乎是一个不切实际的迷信。《法国民法典》明确地对它表示了拒绝；并且，尽管我们的法官以及其他大陆法系国家的法官们的确在某种程度上会遵循先例，但是他们之所以会这么做，仅仅是出于安全起见正义原则要求他们如此为之。人们认为在法律的适用中，遵循先例对于确保确定性的实现是必不可少的。但是，一个更合格的答案在于它事实上并未促成确定性的实现。我们的司法法（judicial law）和任何其他法律一样，都是不确定的。我们遭受了不确定性——而这些不确定性一度被认为是可以通过遵循先例加以避免的——所带来的一切伤害，同样也遭受了遵循先例无可争辩地所包含的由杂乱的古代法所产生的一

＊　约翰·亨利·威格摩尔（John Henry Wigmore, 1863—1943），美国著名法学家，曾任美国西北大学法学院院长，是证据法方面的权威，代表作是《普通法审判视野下的英美证据法体系》。——译者注

切弊害——赫伯特·斯宾塞*将这称之为"死人对活人的统治"。[11]

对威格摩尔的问题，可以给出一个十分简单的回答。简单地说就是，将遵循先例作为唯一的裁决规则并且将其一以贯之地运用于所有案件的法律体系从来就没有存在过，遵循先例并没有证成这一点。即使在英格兰，这也是事实。因为正如坎贝尔勋爵在"比米什诉比米什"一案中清楚无误地表明的那样，上议院的某个先例仍然可能会被议会"推翻"。

65 还存在着一种意在驳斥"遵循先例将会带来可预测性"这一观点的论证。该论证依赖于这样一个主张，即遵循先例本身会将不确定的因素注入任何将遵循先例作为唯一裁决规则的法律体系中。原因在于，尽管遵循先例原则能够为那些有先例可循的案件的裁决结果提供预测，但是它并没有告诉我们那些无先例可循的案件应该如何被裁决。先例原则不可避免地会将法律后果的范围一分为二：其中一部分由确定性所支配，而另一部分由不确定性所主宰。某些事实情境究竟会落入这其中的哪

---

* 赫伯特·斯宾塞（Herbert Spencer，1820—1903），英国社会学家，进化论的先驱，被誉为"社会达尔文主义之父"，所提出的一套学说把进化理论适者生存应用在社会学上尤其是教育及阶级斗争。——译者注

[11] John Henry Wigmore, *Problems of Law: Its Past, Present and Future*. Charles Scribner's Sons, 1920, p. 79, 转引自 Goodhart, "Case Law in England and America," 15 *Cornell Law Quarterly* 173 (1930), 185.

一个区域，将取决于某种偶然性以及先前裁决的射程范围。对于这一主张，人们可能会提出三种回应，但是其中只有一种看似是最有价值的：

（1）人们可能会说，前述主张是似是而非的，因为那一先例裁决规则并不能确保所有可能的裁决都能获得正当性证成；也就是说，它指出所有无先例可循的案件由于未能提出一个可以审理的诉讼理由（cause of action）而应当被驳回。由此，对于法官拒绝认可某些特定的诉讼行为的认识，和对于源自先例事实情境的肯定性法律后果的认识一样，几乎带来了同样程度的确定性。

但是，我们在此很难认真地考虑这一回应。从字面上来理解的话，它似乎表明法院不应当裁决任何案件，因为从一开始案件就无先例可循。如果被理解为只是仅仅强调在一个特定时间点上，不允许法官创造或承认新的先例，那么那个特定的时间点又该如何来确定呢？这个问题仍然悬而未决。之所以会提出这个主张，是因为一些法院似乎（十分荒谬地认为）仅仅根据无先例可循而拒绝了某些特定的诉求。这一主张就其本身而言，是自欺欺人的。

（2）另外一个回应主张在某种意义上对于任何可能的事实情境总是存在着先例，想要展开对这个问题的争论对我们来说更为困难，因为用一两句话很难把这个问题讲清楚。先例不是被创造的，而是被发现的；规则从来都不是被创制的，而仅仅是拿过来适用的。既然是这样，"初现案件"（cases of first impression）只是从表面上看上去有些新奇罢了。对于任何案件来说，规则都是"现成地摆在那儿的"，就像其他任何的规则一样等待着法官去读取。

退一万步来说，即使假定预先存在着一套实在法范畴，也**66** 丝毫无助于解决预先探知法律后果的问题。作为一个关于某种（它"看起来像"实在法规则却又始终一直存在）事物的经验性命题，是无法被证实的。而且，即使我们承认发现这些预先存在的先例是可能的，（如果能够让人信服的话）也只能成功地让很少人信服。在那些宣称能够发现这些先例的人中间，他们对于先例的内容也存在着十分显著的分歧。人们是否应该努力进入到民族精神（Volksgeist）的深处，抬头仰望那"天空中弥漫的真理"（brooding omnipresence in the sky），或者转向我们内心的道德律（Moral Law），人类的历史几乎证明了前述那一愿景的普遍失败。

（3）最后，还有一些人可能会主张，任何先例裁决程序要求至少有一个以上的裁决规则；也就是说，还得有一种规定新型案件得以被裁决的规则。因此，在先例裁决程序中，既要包含一种为有先例可依的案件提供适当证成的规则，又要包含另一种为我们详细说明新型案件如何获得证成的规则。至于这种额外的规则（意指针对新型案件的裁决规则——译者注）何以是可欲的，其实并不是特别地难理解。

然而，这一主张再次提出了一个问题，即正确地区分"有先例可依的案件"与"新型案件"的问题。当然了，二者之间的区别并不是泾渭分明的。毫无疑问，有一些案件显然既不是有先例可依的案件，同时也不是新型案件。但是，我们不可否认的一点是，其他许多案件可以被确定无疑地划归为这两种范畴中的一种。此外，正如我们在第七章中将要提出的，由于对这两类案件裁决的证成所适用的是同一种程序，因而对它们进行区分就没有太大的意义了，这或许是对的。

信　赖*

第二个支持先例原则的重要理由，尽管并未直接讨论法律规则的实质内容问题，但对于"为何可以无视任何特定法律规则的实质构成内容"提供了非常有说服力的论据。因为，如果某个体系由于未能带来确定性而变成了一个不再那么有用的社会制度，从而使得基于对那个法律体系的合理信赖所做出的行动和承诺变得无效，那么这可能仅仅只会让那个法律体系变得拙劣不堪、不负责任和道德败坏。基于信赖的论证事实上看起来很具有说服力，而且正是由于这个原因，它总是被当作一个对于先例原则的充分论证。这一论证很多时候采用了如下形式：

---

*　至于这一论证与基于确定性的论证有何不同，在接下来的讨论中我会澄清这一点。

"基于对已经做出的司法裁决的认识，以及对已经确立的裁决规则的认识，人们进入了各种各样的关系之中，而它们在将来的某一时间可能会成为诉讼活动或司法裁决的主题。事实上，法院将会遵循先例，这一信念已经促使很多人投身于意义深远的、非比寻常的并且常常是不可阻挡的行动进程中去了。因此，当把这些问题推到法官面前时，或者如果将这些问题交给法官来裁判，倘若法官从根本上拒绝承认这些行动的效力，那将是一种本质上的不正义。"

在司法意见和理论性的文献中，我们可以经常发现类似的观点。某位对偏离先例持有异议意见的法官写道：

毫无疑问，我们这个国家司法界的成员好多年一直都在信赖那一案件（也就是刚刚被多数意见所推翻的案件）的裁决，并且这种信赖认可了人们的财产所有权，此外在这种信赖之下人们获得了十分重要的财产权利。这个国家的律师有权信赖法院的裁决，并期待这些裁决能够保持前后的一致性，因为这在某种程度上可能会影响人们的重要财产权利……我的异议并不是基于在"蒂勒里诉富勒"（*Tillery v. Fuller*）案（即被推翻的那个案件）中所宣布的那个规则的逻辑，如前所述，而仅仅只是立基于这样一个事实，亦即由于这个判决已经被确立了很长时间，也已经被广为接受和信赖，它还会影响到个人对不动产权利的获得，因此法院不应推翻这样一个裁决。[12]

在卡多佐大法官的司法意见和作品中，我们也可以清楚地看到这种类似的观点。当有人主张"哈德利诉巴克森代尔"（*Hadley v. Baxendale*）案的规则不应适用于电报公司时，为了拒绝这个观点，卡多佐这样写道：

我们并不是没有注意到，原告对于将"哈德利诉巴克森代尔"一案的规则运用于电报公司与其顾客间关系所做的攻击。真实的情况似乎是，无论是在柜台接收消息的职员，还是发送这个消息的操作员或者任何其他雇员，都没有考虑或者有望考虑他所接收或者发送的那个消息到底是什么意思。这向我们传达了一个完整的有关应当留意一切虚假事物的原则。然而，由于这一原则已经普遍流行了多年，以至于它基本上相当于一个财产权规则。电报公司以那一原则为基础来调整他们的收费。他们疏于防范，忽视了一些在商业风险无限期增长的条件下本来可能被认为有必要采取的防范措施。[13]

---

　　[12]　*Lee v. Jones*，224 La. 231，250-251（1953）．有趣的是，路易斯安那州是美国辖区中唯一一个以《法国民法典》作为法律体系之基础的州。通常我们认为成文法系并不承认先例原则（比如参见上面所引用的威格莫尔的那段话）。

　　[13]　*Kerr Steamship Co. v. Radio Corporation of America*，245 N. Y. 284，291（1927）．也可以参见 *Cardozo*，*The Paradoxes of Legal Science*. New York：Columbia University Press，1928，pp. 70-71。

这些主张以及其他一些诸如此类的主张，拥有一种引人注目的道德品质。既已促使人们按照某种特定的方式行动，如果一个法律体系随后设法惩罚或以其他任何方式反对它先前所宣布的行为后果，那么这个法律体系才应当受到谴责。这种情况与人们负有道德义务去遵守自己做出的承诺相类似。它还和另一种情形惊人地相似，在这种情形中，人们由于对某个承诺的信赖而发生了一些立场上的转变。人们对于法院将会如何看待他们的行为不仅建立起了道德上合理的期望，而且他们也以此种方式行动。然而一旦所期望的效果与他们的行动不相一致时，他们就会受到伤害甚至变得穷困潦倒。正如许多人所主张的，如果法律体系的功能在于满足人们惯常的、普通的期待，那么满足那些法律体系自身所造就的期待以及被当作个人行为根据的期待更应当是它的分内职责，这一点不是更加地清楚吗？

针对该主张的一个更为严厉的检讨向我们揭示了一个奇怪的事实，它认为该主张的说服力在很大程度上建立于一个假定之上，而这个假定与眼前所讨论的问题有直接的关系。

我们应该还记得，当前的这一研究是怀着为某一法律体系——遵循先例在这种法律体系中是唯一的裁决规则——寻找正当性理由这个希望而开始的。在这种法律体系中，已经被确立的规则获得了一以贯之的遵守，我们一直在为它寻找着理由。然而，只有当我们假定存在着一种致力于遵循先例的法律体系时，基于"信赖"这个概念所建立起的论证似乎才是值得赞许的。在任何背景下，只要"信赖"在事实上是合理的，那么"合理的信赖应始终得到尊重"的问题就完全是无可非议的。当且仅当某人"关于法律规则可以一如既往地适用"的假设是合理的，那么他对于一个先前所宣布的法律规则的信赖才是合理的。如果该论证被证成是一种完全不连贯的循环论证，那么"信赖"的事实就无法为遵循先例原则提供正当化证成。*

　　与信守承诺进行类比，可能会让这个论点变得更加清晰一些。可以这么说："人们之所以应当信守承诺，原因在于承诺是人们能够并且事实上合理地依赖的各种陈述。"通过提出任何一个旨在确立那种信赖的合理性理由，那一论证也就算完成了。但是，（除了循环论证之外）并不能仅仅通过说明人们信赖承诺这一事实，就能使信赖本身获得其合理性。

　　在法律体系领域中，当人们根据法院的裁决行动时，他们所信赖的东西是什么呢？他们信赖这样一个事实，即法院将会遵循先例。这种信赖合理吗？这或许只是众多原因中的一个。如果法律体系公开地承诺将会遵循先例，那么这一信赖无疑是合理的。但是无论如何，单单"信赖"这个事实本身并不能推断出如下结论，即已经为拥有一种应当始终遵循先例的法律体

---

　　*　对于此处的表达，译者和瓦瑟斯特罗姆教授本人进行了沟通和确认，根据瓦瑟斯特罗姆教授的回复，此处他所想表达的意思是：有些人主张，由于人们对先例表示信赖因而应该遵循它们，而与此同时人们之所以合理地信赖某些法律裁决或法律规则是因为它们是先例。如上这一主张是一种典型的循环论证，以此来论证的话自然得不出先例应该被遵循的结论。——译者注

系提供了一个充分的理由。根据假定，法律体系从未"允诺"先例将会被遵守，以信赖作为信赖（reliance qua reliance）本身并不能创造这样一个义务。因此，坚持法律体系——在这种法律体系中先例已经是法律规则——应当在每个案件中都遵守先例，对于这一观点尽管可能存在着更强的理由，但是这些同样的理由却丝毫无助于如下主张，即最可欲的法律体系是这样一种法律体系，在其中先例会被始终如一地遵循。

平　　等

作为支持先例原则的一个显而易见的理由，基于平等的证成尽管常常被忽视，但是它却为遵循先例原则提供了一个十分 **70** 有说服力的论据。卡尔·卢埃林*向我们提供了一个关于在平等理论与遵循先例之间建立起直观联系的经典概述，他说："在法律中先例的力量通过另外一种因素而得到了加强，亦即一种普遍的正义感，它强调在类似的情形下人人都应当以一种类似的

---

　　* 卡尔·卢埃林（Karl N. Llewellyn，1893—1962），美国现实主义法学的主要代表之一，美国《统一商法典》的起草人。著有《荆棘丛——我们的法律与法学》《普通法传统——上诉审》以及《法理学：现实主义的理论和实践》等。——译者注

方式获得正确的对待。"〔14〕　与此类似，埃德蒙·卡恩*将司法待遇上的不平等列为导致不正义之感的首要因素。他说："不管这种个别的处理究竟如何，由恣意而生的不平等无疑会引发一种不正义之感，因为平等地对待那些与法庭上所审理的案件情形相似的问题，是法律秩序所隐含的一个深层期待。"〔15〕

然而通过进一步的检视，我们会发现至少存在着三种可能会被采纳的平等主义立场，而其中只有一种才必然会表明先例一旦被确立就应当始终如一地被遵守。

第一种是一种绝对的平等主义（absolute equalitarianism），它主张人与人之间的任何差别事实上就其本身而言（ipso facto）都是应当遭到反对的。从本质上来说，它眼中的理想社会是这样的：在该社会中，这种区别对待的情形应被减少到最低限度。因此，它可能会得出这样一个结论，即任何或者所有旨在调整某一类人（某一类人在外延上要小于所有的人）的行为的规则，必然只会造成一种额外的差别对待。唯一正当的规则似乎是这样的，它们指出所有的人都应当以某种特定的方式被对待。很

〔14〕　Llewellyn，"Case Law，"*Encyclopedia of the Social Sciences*，Vol. 3. New York：Macmillan Co.，1930，p. 249.

*　埃德蒙·卡恩（Edmond Cahn，1906—1964），美国著名的律师和法哲学家，他主张法律应当致力于表达社会最深层次的道德价值，而民主是否成功的一个重要判断标准在于实践中是否践行法治。他在《不正义感》一书中写道：正义是法律的来源，是法律的实质，是法律的最终目的。——译者注

〔15〕　Edmond Cahn，*The Sense of Injustice*. New York：New York University Press，1949，p. 14.

多普通的法律规则无疑应当被排除出我们这个社会，原因在于它们几乎一直都将适用对象仅仅限定为某一类人，亦即它们只适用于那些处于特定情形中的人。[16] 这可能会进一步得出，由于遵循先例原则要求应维持这些区别，故而在当前所设想的那种法律体系中它已无容身之所。

第二种是修正的平等主义（modified equalitarianism），它并不会断定所有的规则必然都是不可欲的。相反，它只是主张任何已经被确立并适用于某个人或某些人的规则——为了达到适用上的平等——也必须适用于所有其他同一类别的人。规则应当毫无例外地适用于包含在规则效力范围之内的所有同类成员，这是规则的核心本质所在。[17] 制造规则的例外，就是对平等原则的违背；改变规则的实质内容或规则所调整的对象范畴，无疑也是一种对于正义原则的违背。因此，一个将先例原则作为唯一裁决规则的法律体系之所以是最为可取的，原因在于唯独它才能够最好地确保规则平等地适用。

第三种平等理论，我们称之为初显的平等主义（*prima facie equalitarianism*），它接受规则是可欲的，但不会对规则设定绝对的适用条件。更确切地说，由于认识到有必要对不同种类的人进行类别化，并且除了相同对待的要求之外也认识到了理想的

71

---

〔16〕　Isaiah Berlin, "Equality," 56 *Proceedings of the Aristotelian Society* 301（1956），313–314.

〔17〕　*Ibid.*, p. 306.

要求，所以这一理论只是要求人们所提出的任何分类或再分类都必须拥有一些正当的理由。初显的平等原则可能是这样的："假定存在着一类人，根据初显的平等主义，除非有更加充分的理由，否则这一类人中的每一个成员（亦即每一个人）都应当以一种统一的和相同的方式被对待。"此处"假定了平等不需要理由，而只有不平等才需要提供充分的理由；一致性、规律性、相似性、对称性……无须再专门进行解释，而区别、非系统性的行为、行为的改变则需要解释并且通常需要拥有正当的理由。"[18]

卡恩似乎认为同样的初显的平等主义理论和正义感（sense of justice）是相容的：

法院和立法机关确立了各种不同类别的主体，并出于这种或那种目的也将他们所欲实现、消灭或限制的权利和义务做了类别化处理。由此，在法庭上一些人之所以是平等的，是因为法律已经事先做出了对他们进行平等对待的选择。问题的关键是，由法律所导致的不平等必须有其合理的根据。如果所做出的裁决存在着明显的差异，那么就必须要找到这些裁决对象的一些明确的不同之处，它们与那种裁决结果上的差异有着十分

---

〔18〕　*Ibid.*, pp. 302-303，305. "不提供任何理由就违反规则，被描述为是一种非理性之举；出于某些理由遵守规则——而不用其他一些可用的规则——通常被认为是不必要之举。"（第306—307页）

确切的联系。不正义感厌恶一切武断的不平等。[19]

一种理想的初显平等理论，就其本身而言并不反对先例原则。然而，它与这样一个程序——在该程序中想要为改变某个法律规则提供充分理由很明显是完全不可能的——是不相容的。

这三种相互竞争的平等理论，表面上似乎在各种不同的司法裁决程序所欲实现的目标之间提供了一个选择。因此，这样看来，我们现在有必要研究一下这些目标的可欲性。但是，绝对的平等主义理论似乎是一个过于似是而非的理想，以至于我们无须投入太多的精力（如果需要的话）在它上面。此外，其余两种理论除了再次提出那个最初的问题——也就是，什么是遵循先例原则的可能理由？——之外，也几乎再没有什么太大的用处。比如说，探究修正的平等主义是否是可欲的，实际上就是问永不偏离某个已经被适用的规则是否是可欲的。用更为一般性的术语重申那一问题就是："在某个将先例原则作为唯一裁决规则的法律体系中，遵循先例是正当的吗？"由于这种程序能够确保某一特定类别中的所有人都应当以同样的方式被对待，所以它是值得赞许的，这个回答是一种明显的同义反复。

类似地，另外一种观点认为初显的平等主义之所以是可欲的，是因为它能够保证只有基于"充分的理由"先例才能够被

---

[19] Edmond Cahn, *The Sense of Injustice*. New York: New York University Press, 1949, p. 14.

推翻。除非它能够解释清楚到底什么算得上是一种充分的理由，否则的话这种主张也没有太大的意义。再一次地，后一个问题只是指明了我们所要探究的方向，而并不能作为对那一探究本身的回答。

就目前来说，我们可以得出这样一个结论：虽然这些不同模式的平等主义可能在一种十分不同的语境下重述了那些相关的问题，但是它们并未对支持或反对我们眼下所讨论的那种司法裁决模式提出一种独立的理由。

效　率

基于效率的论证可能是这样开始的："倘若法院无法通过诉诸先例来正当化其裁决，那么司法就会变得越来越艰难和乏味，诉讼两造的权利也将长期处于一种不确定的状态中。如果法官不受先例的约束，那么他不仅必须阐明、考虑和评价所有可能的法律规则——这些规则可能是在每一个案件的裁决中所形成的，而且还必须检视所有被用于确立这些规则（而非其他规则）的理由。"简而言之，法官的任务将变得繁重不堪。相应地，在有限的时间内能够在法庭上获得裁决的案件的数量，也会随之大大减少。司法在社会中的功能将会变得越来越没用。因此，出于便宜（convenience）和效率方面的考虑，便要求法官给出 **73** 快捷方便的理由——换句话说，这种情形下允许法官遵守先例。

作为纽约州上诉法院的首席大法官，卡多佐基于自己的经验发现：

> 如果过去的每个司法裁决都可以被重新审理，如果一个人不能在前人所铺设的道路的稳固基础上为自己的道路添砖加瓦，那么法官的工作量将会大大增加，以至于濒临崩溃。或许我自己所在的法院的构成，就倾向于强化这一信念。我们一共有十位法官，但每次都是七位法官坐在一起听审。当对某个问题的意见难分高下时，这一周某个案件可能会以这种方式被裁决，而到了下一周——如果某（些）位法官还是第一次听审此类案件的话——它可能又会以另一种方式被裁决，这种情形一次又一次地发生着。然而，如果每周法庭人员组成的变化都会伴随着其裁决的变化，那么这种情形将是令人难以忍受的。在这种情形下，我们除了坚持一周前我们的法官弟兄的错误之外什么事情也不能做，而无论我们是否喜欢这些错误。[20]

将基于效率的论证作为先例模式的理由，既是合理的又是有说服力的。我们假定有这样一个案件，它显然是受先例约束的那类案件中的一个，并且我们进一步假定存在着一种像我们

---

[20] 参见 Benjamin Cardozo, *The Nature of the Judicial Process*. New Haven, Yale University Press, 1921, pp. 149-150. 也可以参见 Karl Llewellyn, *The Bramble Bush*. New York: Columbia University School of Law. 1930, pp. 64-65。

当前所讨论的那样的裁决模式，其中以某种特定的方式裁决案件的唯一理由在于诉诸先例，如此一来案件的裁决过程不仅是十分高效而且也是非常便捷的。那么遵循先例原则（或规则）就是实现这些目标的有效方式。

　　需要注意的是，我们并不能得出结论说，遵循先例原则因此就是可欲的。因为正如确定性一样，效率也是一个形式性的特征。再一次地，遵循先例原则并不是特定目标——效率——得以实现的唯一方式。通过抛硬币或者掷骰子，也能让案件得到有效率的裁判，这无疑也是一种十分便捷的裁决模式。然而，它是不是一种可欲的裁决方法将完全取决于另一种考虑，亦即取决于这一程序所可能产生的各种结果。尽管一定程度的效率确实是任何成功法律体系的必备条件，但它的存在却并不能保证法律体系的价值。

遵循先例原则的次要理由

　　对于先例裁决程序——在该程序中遵循先例原则是唯一的 **74** 裁决规则——的四种论证理由的讨论，并没有穷尽所有潜在的备选理由。然而，尽管有待解释的理由还有很多，而我们在前面所讨论的那些仅仅是最具有说服力的理由。其他许多有待讨论的理由很明显是虚假的。其中一些之所以值得我们花些篇幅去讨论，仅仅是因为它们已经引起了很多学者的重视；另外一些则更加诡异，它们只是倾向于支持一种反假设（counter-hypothesis）。它们中的大多数已经在亚瑟·古德哈特那一广博的研究（至少是目前我所见识的）中得到了讨论和驳斥，他的文章我在前面已经有所提及。[21] 为了将讨论限制在最简短的篇幅内，我主要以他的那篇文章及其对相关问题的讨论为基础。

"实践经验" 的运用

在本质上，从"实践经验"所做的论证建立在如下这个假定之上，即法官法（judge-made law）使得法律体系在面对新情境以及新型争议时能够应付自如，它可以以经验的（a posteriori）方式来回应这些情形。然而不幸的是，这一论证与遵循先例原则之间的关系是十分模糊不清的。正如我们所看到的，先例原则运作的一个必要条件在于司法中法律规则的形成。它甚至会假设，法官在司法过程中应当形成这类规则。但是，这一必要条件是可取的，并不因此意味着它就是遵循先例原则的一个必要条件。也就是说，法官造法很可能会成为一种卓有成效的方式，借此使"实践经验"对某些特定问题的解决发挥一些影响。然而，这并不能得出如下结论，亦即将这种判例法运用于随后所有相关的案件中因此就是可取的。古德哈特的反对意见

---

[21] Goodhart, "Precedent in English and Continental Law," 50 *Law Quarterly Review* 40（1934）.

似乎是无懈可击的，他说：

　　我们或许会承认，与通常建立在先验理论基础之上的成文法相比，立基于先验性理论的判例法则更加地实用。在这种意义上可以说，英国法是一种实践之法（practical law），但是——也是最为重要的一点——英国法的这种实践性特质并不是建立在遵循先例原则的基础上，无论是否遵循先例它都始终存在。我们知道实践之法是建立在实践经验基础上的法律，但是当第一个个案具有约束力之时又哪儿来的什么经验呢?* 更加准确的**75**说法是，直到先例原则产生效力并至此之后成为一种在本质上历史性的存在时，才能说英国法（主要是指判例法）是实践性的。一个真正实践性的法律体系，必须建立在一系列的尝试的基础上，反复在实践中进行摸索和试错；然而，这并不是英国法的方法，** 由于遵循先例原则的存在，使得第一个尝试也注定成了最后一个尝试。

---

　　* 既然实践之法源自法官在长年累月的审判中所累积的实践经验，也就是说它要以实际案例的裁决作为基础，法官每裁决完一个案件相应地就累积一些经验。然而问题在于，法官在裁决最初的那个案件（从理论上来看，那个案件肯定是存在的，只是从技术上讲有时我们很难找到它）时，既然前无古人、后无来者，来自实际案例的经验之源必然会中断。这个案件一旦生效之后，可以对后来的案件产生约束力，并且能够为法官裁判类似案件提供经验性的知识和方法，但是它却不能为自身提供任何经验性的知识，或许这是作者想要表达的意思。——译者注

　　** 着重符号的部分是译者所添加的，是作者在引用古特哈特的文章时所隐去的内容，为方便读者理解，译者将其予以补全，仅供参考。——译者注

　　与此类似，还有一种大同小异的观点，它力图维护判例法体系的灵活性。然而我们会再一次遇到那个问题，即如果这是判例法体系的一个优点，那么它无疑并不是那种将遵循先例原则作为唯一裁决规则的法律体系的优点。因为，尽管我们可能会十分欣然地承认，判例法体系相对于那些既不受相关成文法调整又无现成先例可循的问题而言是更灵活的，但是由此却无法得出下述结论，即对于那些落入上述两类案件（指的是既不受规则调整又无先例可循的案件——译者注）之外的其他案件而言，判例法体系对于其裁决的证成拥有着完全的灵活性。

　　在大多数情形下，英国法这一所谓的灵活性，无非是认识到了这样一个事实，即对于许多问题来说并不存在着可供遵循的先例，因此当一个新的问题出现时，法官可以自由地创设任何在他们看来是适合的规则。在英国法中存在着很多这样的真空地带（vacant spaces），它们留待法官们进一步去填补，然而当某个空缺已经被先例所填补时，那么对法律的进一步发展就变得不再可能了。[22]

对法官个人的限制

　　在这个大标题之下，论者们提出了两个相似的命题用以支持如下观点，即先例原则可以对个别法官裁决特定案件的方法

---

〔22〕　*Ibid.*, pp. 49-50.

提供适当的限制。尽管这两个命题中的任何一个看起来都不是十分地令人信服，但是人们已经普遍认为它们二者都有十分重要的意义。

（1）第一个命题再次引入了*法律谬误*（legal error）这个古怪的概念。比较典型的是柯克勋爵的论述，他说："任何有限理性之人都绝不可能比集完美理性于一身的法律更明智。"古德哈特对此持有一点保留意见，他似乎接受这样一个事实，即先例原则有助于阻止法官"出于个人的一些偏好"而得出一个在法律上错误的结论。然而，他补充道，至少存在着一种因素使得我们往往倾向于忽视这种对法官裁判之限制的效果。"对于遵循先例的十分强烈渴望可能会导致一种谬误，由于法官错误地认为他受一个事实上并不相关的先前裁决的约束，结果他注定会得到一个连他自己都不赞成的裁决结论。"〔23〕

这点保留意见究竟有多大的意义是非常令人怀疑的，尽管如此，它的确是对先例原则的发展情形所做出的一个准确描述。即便如此，就是在那些通常的情形中——可以非常肯定的是，先前裁决与眼前案件是相似的，眼前的案件必须以类似的方式被裁判，并且这一相似的裁决结论唯有诉诸那个相关的先例才能得到证成——也仍然存在着一种更为严厉的反对意见。它声称，先例原则有助于保证某个特定的法官或法院受到这一裁决规则的限制，从而在特定案件的裁判中可以避免获得一个"错

〔23〕　Quoted in *ibid.*, pp. 54, 55.

76

误的裁决结论"（erroneous conclusion）。假定我们不承认"法律谬误"这个概念有什么确切的意义，那么当且仅当如下论断是正确的时候，即最初确立那个先例的法官或法院本身正确地创制和阐述了先例规则，刚刚提及的那个命题才能够得到证成。然而，"该命题必然是正确的"这个主张是荒唐的。我们没有理由认为——当然也没有人提出过这种主张——最初被迫要求就某个特定问题做出裁决的那个法院必然能够为那类案件形成一个最好的规则。并且，除非假定先例一旦被确立就一直是正确的，否则就无法保证在那一案件中法官或法院的偏好能够得到（哪怕是一丁点儿的）限制。简而言之，如果那个规则是正确的，那么如下主张在逻辑上也差不多是正确的，即只要坚持类似的案件应当以同样的方式被裁决，那么后来所有案件的裁决结论也将是正确的。然而如果最初的那个先例规则是不正确的，同样也能得出结论说：先例原则只能确保所有后来案件的裁决结论是不正确的。由于并没有什么明确的理由让我们知晓那个最初的裁决何以应当是正确的（即使在大多数情形下），因此似乎也就没有什么论据能够支持上面的论证。

此外，非常关键的一点是，我们甚至能够为相反的立场提出一种相当充分的理由。因为，人们似乎可以合理地宣称：比之于先前的同行们，后来的法官在决定"什么是正确的法律规则"这个问题上处于一种更加有利的地位。尤其是，如果说**77** "实践经验"的标准要好过一个先验的裁决标准，那么后来的法官将会看到那一规则是如何在经验的基础上实际运行的，并且以此为基础形成一个对其"正确性"的评价。形成一个正确的法律规则将会对经验提出何种程度的要求？对于此问题而言，特别适合由后来的法官做判定。在此基础上，有人可能会主张，与其建构一个限制法官的个人偏好的法律体系，倒不如通过限制初现案件之裁决（decisions of first impression）的适用来获得一种更加可欲的法律体系。何以如此？原因在于该裁决是在首次出现的那个案件的裁决中产生的，相应地也是一个创造性的先例，它的形成极易建立在一种知识匮乏的基础之上。

　　然而，也有人会时常坚持如下这种观点：对某类特定案件来说哪一种法律规则才是正确的，就这一问题而言，创制规则的那个法官的意见并不只是被一些后来的法官的意见所对抗。可能的争议并不存在于某个十七或十八世纪的法官与某个特定的当代法官或法院之间。相反，基于*法律谬误*所做的论证有着一个更为稳固的基础。一些先例被确立下来，仅仅是因为某个法官在个案中所创立的一个规则。通常地，整个一系列的案件（它们都包含着同样的规则并且能够获得同样的结论）给予了某个先例对真理的更强诉求。推定创制规则的那个法官在决定"法律真理"（legal truth）这个问题上处于一种更加有利的地位，这是一个太过于简单的假设；相反，那一论证（上面所提及的基于法律谬误所做的论证——译者注）建立在这样一种假定之上，即许多法官和法院已经援用了这一规则，原因在于他们发现这一规则"在法律上是正确无误的"。"所有这些法官都是正确的"的可能性，要远远大于"'认为规则有误'的那个特定法官的观点是对的"的可能性。对于这个规则的正确性问题，这些法官的一致意见要好于少数的某个法官或法院的意见。当我们在这种背景下看待先例原则时，主张遵循先例原则能够对特定法官易犯的一些错误施加限制，这一观点才会变得更加地合理。

　　不幸的是，这一修正了的论证也不过是言过其实。因为在**78**一个规则成为先例规则之前，我们尚未确立那一规则所应满足的、得到 X 个法院认可的任何条件。除非有这样一个条件，除非那个法律规则成了一个先例，并且当且仅当一定数量的法官由于相信它是一个正确的规则才适用它，否则被修正过的那一论证将注定会以失败而告终。诚然，在某个特定的法官对一个规则的"正确性"表示质疑之前，它已经被适用到了大量的案件中，这种情形是经常会发生的。但是，根据先例裁决规则，这种情形也是在预料之中的；事实上，按照假设（*ex hypothesi*），这是遵循先例原则的题中之义。所有后来的同类案件都应当和最初的那个案件以同样的方式被裁决，这仅仅是因为遵循先例原则（作为唯一的裁决规则）要求所有后来的这些案件都应当以此种方式被裁判。因此，那一规则已经被大量的法院所适用，仅仅这个事实尚不足以让我们得出如下结论，即（这些法院中的）任何一个法院都相信该规则相对于这类案情一定是"正确的"法律规则。它们之所以具有约束力是因为它们是先例，而"正确性"的问题则与此毫不相干。如此一来，该论证又回到了最初的那个反对意见。与某个后来的法院所做的决定（亦即那一特定的规则是"不正确的"）相比，为什么最初的那个法院的决定——一个特定的法律规则相对于这类案情是"正确的"法律规则——更有可能是正确的呢（即使是在简单的大多数情形下）？

（2）第二个命题将主张，遵循先例原则不仅是一个对后来法官的错误推理的有效限制，同时（最为重要的）也是一个对后来法官偏见或成见的十分有益的检验。

防止偏见或成见与防止错误是类似的；由此有人会主张，通过要求法官遵守先例，我们就可以生活在法治（government of laws）而不是人治（government of men）之下。这种说法无疑是有道理的……总的来说，我相信它的确有利于实现一种不偏不倚的正义，因为有了作为裁决规则的先例原则，法官借此来区分那些事实上难以辨别的案件就会变得容易得多。[24]

正如我们刚刚所讨论的那个被修正了的论证一样，当且仅当我们假定确立最初规则的那个法官本人能够不带偏见或成见，眼前的这个论证才是有效的。而如果一旦那个法官是带着偏见

---

[24]　*Ibid.*, p. 56.

或成见来设定规则的，那么这些偏见或成见将不可避免地会在后来每个案件——它诉诸先例原则来论证自己的裁决结论——

79 的裁决中延续下来，先例原则必定会冒这样的风险。如果法官能够不带偏见地裁判案件，那么先例原则无疑能够或易于成功地防止后来的法官将他们个人的偏见带入到司法裁决中来。但是，为何假定最初设定那个先例规则的法官能够免于偏见的干扰，这个问题仍然没有得到解释。并且，只要这个假定在整体上仍然是未经证实的，那么该主张就难以令人信服。就其目前的形式来看，它充其量只能保证最初创制规则的那个法官的偏见会发生作用；那些有机会利用偏见的法官的数量在这种意义上减少了。但是，在我们对创制先例的那个法官的各种可能的偏见有更多的了解之前，这一减少的重要性和价值仍然是可疑的。

特定诉讼的终结

有人可能会争辩说，如果先例未能获得一贯的遵守，那么对于任何特定的诉讼而言就永远不可能有终结之日。因为，一旦某个先例被推翻，那么所有那些当事人——他们自己的案子是被基于一个旧有的先例（该先例现在已经被推翻了）而裁决的——认为在他们的案子中法官适用了一个错误的法律规则，从而基于这个理由试图要求自己的案子能够重新被审理，这难道有什么不妥吗？如果法院基于某个先例是"糟糕的法律"（bad law）从而将它推翻，难道这不会让后来所有以该法为根据被裁判的案件变得同样的"糟糕"吗？如果答案是肯定的话，那么那些败诉的当事人就有权要求他们的案子按照"良法"（good law）来裁判。

从理论上说，这一论证并没有什么不一致之处。当相关的法律规则每每被改变时，允许所有的案件再次提交至法院来审理，这种说法无疑是没有什么矛盾的。但作为一个实践问题，它却是灾难性的。此外，我并不认为容许推翻先例的某个法律体系会赞成这种无休止的重复诉讼的程序。在这里讨论一事不再理*（res judicata）原则的优点或缺点有些不合时宜。我认为现在我们足以能够得出这样的结论：在英美法的法律体系中，遵循先例原则与 **80** 一种容许先例被推翻的裁决程序似乎并不是水火不相容的。

先　　例

这一章是从英国上议院所审理的一个案子开始的，那么以另一个案件来收尾看起来似乎会更加相称。然而，需要说明的是，我引入下面的这个案件并不是出于行文上对称的原因。而

---

* 从本质上来看，它是这样的一个规则，即一旦某个具有完整管辖权的法院按照事情的是非曲直对一个案件做出了最终的裁决，对后来所有案件中两造的权利而言，法官在较早案件中所做的某些决定具有终局性的意义。

是因为这个案件（至少部分地）阐述了什么可以被视为对遵循先例原则所有可能理由的间接证成（*reductio ad absurdum*）。我们同样也可以将其看作是一个对前面所讨论的那些论点的简明扼要的重述，并且也可以将其作为一个开启下文讨论的十分便捷的出发点。除此之外，由于该案经常被作为一个具有特殊地位的案例而引用，它清楚地和最终地确立了一个事实，即英国上议院必然受到自己先前裁决的约束，因而具有十分重要的历史意义。并且，正如我们所已经指出的，该裁决建立在一种十分精妙的论证之上；也就是说，由于遵循先例原则是上议院所推行的，那么这一原则也要求上议院自己也应受到先例的约束。尽管这一命题看起来似乎有些古怪，但我并不认为那是一种对大法官意见第一段内容的牵强解释。这里我们将大法官意见引述如下：

> 我的意见是……一旦上议院对某个法律问题做出了决定，那么随即它对上议院自身也具有终极的约束力，并且重新开启对这个问题的讨论基本上是不可能的，否则会显得这个问题好像无先例可援（*res integra*）并能够被重新审理，也显得上议院好像能够推翻它自己的判决。在我看来，那一原则迄今已经被确立了数个世纪之久，而没有任何真实的相反判决。因此在本案中我的意见是，我们不能重新审理（对律师来说不能重新争辩）一个新近已获裁决的法律问题。
>
> 我尊敬的阁下，依我看来，我们完全不可能无视约束这一

问题的权威，我们也不可能做出下面这样的假定，即依次审视每件讼案，那些被人们称为"不同寻常的案件"或"异常案件"（这种案件与普通案件多少有些不同）足以为在终审法院重新审理或争议某个已获裁决的问题提供正当性证成。我当然并不否认个别疑难的情形也可能会出现，亦不否认在同行之间也可能会存在这样一种意见，即认为如此这般的裁判是错误的；但是，与由于每种争议都被重新提出和人类交往被不同裁决的 **81** 理由弄得疑窦丛生以至于从理论和现实上看都不存在真正的终审法院而造成的（灾难性的）不便相比，那种对也许是抽象正义的情景化干扰（occasional interference with）意味着什么？尊敬的阁下，为了公共利益的诉讼在某一时刻应当终结，* 如果在每个案件中都能够以该案"是一个不同寻常的案件"（无论这么说可能意味着什么）为由而对某个已决问题进行重新争辩，那么诉讼将永无"终结"（*finis litium*）之日。[25]

---

　　* 此处对应着一句古老的拉丁法谚，"*Boni judicis est lites dirimere ne lis ex lite oriatur；et interest reipublicae ut is sit finis litium*"，大意是"善良的法官必须使不由诉讼而生诉讼，以解决诉讼；因息讼乃公益所切要"。——译者注

　　[25]　*The London Street Tramways Company Ltd. v. The London County Council*，[1898] A. C. 375，379-380. 引文中的着重符号是笔者所添加的。我们或许可以在迪亚斯和修斯合著的《法理学》一书第 53 页找到一个类似的主张："对于先例为什么应当具有约束力，我们不可能给出一个法律上的理由（legal reason）。我们只能给出这样一个答案，即人们对待先例的方式恰恰正是现代法律体系赖以为基的假定。我们可以通过追溯历史来检视它是如何演化的，但对于'它为何应当如此'我们却无法找到一个法律上的或原则上的解释。"参见 Dias, R. W. M., and G. B. J. Hughes, *Jurisprudence*. London：Butterworth and Co., 1957, p. 53。

由于在上诉中所提出的唯一问题是，上议院是否应当受到它自己先前所做的裁决的约束，这必定是大法官在加着重符号的那句话中所提及的"问题"。如果这一理解没错的话，那么他是在用遵循先例原则为遵循先例原则进行论证。

结　　论

显而易见的是，前面的这些讨论并没有证成那种裁决程序——其中先例一旦被确立，就始终能够作为以某种特定的方式裁决案件的充分理由——是可欲的。然而，这并不会让人们感到有什么惊奇。因为，我们刚刚所讨论的那种裁决程序明显不同于以往任何法律体系中的裁决程序。在遵守程序方面与那一程序最为接近的可能是上议院，然而即便是上议院的裁决也可能会受到议会的影响。那么我们为什么还要花费这么大的精力去分析一种明显有缺陷的裁决程序呢？为什么还要检讨那些从来就没有打算适用于这一程序的诸理由呢？

我在本章一开始时就已经对这些问题做出了回答。那些最有可能使得先例裁决程序成为一种夸大其词的特征，同样也可以用来戏剧化地呈现任何发展成熟的法律体系的一些必要属性。此外，同样是那些使得先例原则变得明显荒谬的特征，还能够借以用来描绘一些单单依靠先例本身所无法描绘的事物。被接受的遵循先例原则要求先例应当获得遵守因为它们是先例，在这个意义上我们可以看到，遵循先例原则并未提供任何评价先例的实质性内容的标准，与此相随它也并未提供改变或拒绝不可欲的法律规则的程序。先例裁决程序既不能通过"信赖"的事实，也不能通过诉诸平等的基本原则而获得确定无疑的证成。**82** 必须要公开承认的一点是，无论是尊重久远的过去决定还是先例原则本身，都无法构成一个接受它的充分理由。

然而同样也显而易见的一点是，先例裁决程序并不像很多人想象的那样是那么地荒诞不经。即使就其最极端的形式来说，也仍然是有某些优点的。如果理性地行动是任何人类社会的特性，那么这种司法裁决程序代表着一种人类针对法律事务做出可能的理智行为的最为稳妥的方法。如果这种审慎的考虑是值得赞许的，并且那种不假思索的行动是应受谴责的，那么这一裁决程序就确立了一些预先对行动进行评价和选择的条件。一种裁决程序——其中既存的法律规则始终能够被看作是对特定裁决的论证理由——的可欲性在这样的一些考虑中得到了最有力的证成，并且在对司法运行的效率的有关考量中同样也是如此。

更为重要的是，当我们将讨论拉入一种"较弱"（weaker）版本的先例裁决程序的背景下时，我们可以从另一个不同角度将那些几乎所有在本章考虑过的理由解释为其表明了先例裁决规则的某些内在的合理性。尽管这些理由无论是单个的还是结合在一起都无法说明先例应当永远不得被推翻，但其至少都隐晦地指出了下面这一点，即法院以某种特定的方式裁决一个案件，这一事实使得人们（在对其他事情一无所知的情形下）可以合理地相信或者期待法院在未来应当以同样的方式裁决一个类似的案件。问题的关键是（无可否认在这些论证理由中对此只是间接地有所提及），就先例最初所适用的那个案件而言，它是法院为自己的裁决所给出的一个理由（reason）。事实上，先例最初是一个裁决的论证理由，这一事实容许后来的诉讼当事人向法院提出下面这种争辩：

"在过去的某个时间，一个本质上与我的案子相似的案件被起诉到法院。在当时法院所提出的以某种方式裁决那个案件的理由是，存在着一个应当调整这一类案件的法律规则。含蓄地说（如果不是明示的话），那个法院的意思是说该规则的运用是一个以某种特定方式裁决这类案件的充分理由。那么眼下，除非我的案子与早先的那个案件在本质上是不相似的，或者说除非对那个案件所提出的裁决理由是一个不充分的理由，否则以不同的方式裁决我的案子将是不合理的。"

说这些话可能只是重述了一个在该研究开头部分所强烈批评过的观点，它宣称除非当先例存在"明显的错误"时否则都不应当推翻先例。尽管如此，也有人认为这可以被看作是对"为何需要对偏离先例提供任何一种理由"的一个解释。这虽未回答"什么使得对先例的偏离是正当的"，但却指出了（很少被明确地提及过）先例所拥有的一个特性。即使不谈论可预测性的需要、信赖的事实、防止法律谬误等，我们仍然可能会注意到，当先例被视作是裁决的理由时，先例自身构成了抗辩，以要求在它们被合理地废弃或改变之前进行正面交锋。这可能仅仅是在重复别人已经说过的话，但是它却注意到法律规则并不仅仅只是一个预测未来法律后果的手段，它们同样也是证成过去司法行为（judicial action）的理由，这至少开启了一个多少有些不同的起点。就这一点而论，它们支持自己被接受的那种有表面证据的主张（prima facie claim）。

认识到所有这一切，并不是理所当然地就解决了许多关键性的问题。如果存在着一些为任何司法裁决程序都应该加以考虑的因素，而在先例裁决程序中却没有考虑这些因素，那么这些因素就必须得到更加详细的说明。如果存在着一些能够推翻那些看上去貌似合理的既存理由，那么就必须对它们做更加细致的探究。达到这个目的的方法之一，就是检视先例裁决程序的其他一些替代性程序，接下来几章的讨论将挑起这个重担。

第五章

衡　平

一种衡平性裁决程序

　　有人可能会说，基于先例的裁决程序是一种（如果不是一种谬论的话）不合时宜的程序。因为，尽管我们可以从它的运作中获得一些诸如确定性和效率等可能的益处，但它最终所支持的是这样一个命题，即法律规则之所以应当适用于特定的案件仅仅是因为它们是既已存在的法律规则（extant legal rules）。然而即便是对某个法律体系之功能所做的一种最不严厉的检讨也表明，那些法律规则并不会永远地以这种方式被适用。法院的建立正是为了给诉讼当事人主持公道，为了在那些摆在他们面前待以裁决的案件中落实正义。因此，最为可欲的裁决程序可能是这样一种程序，它致力于确保所有的案件和争议都能够被公正地裁决。

　　即便我们的社会变成一个永远不会产生冲突的理想状态，争论可能仍然会继续下去；而如果我们的社会永远不会出现

"病态的情形"（pathological cases），那么法律体系将很可能变成一个多余的社会制度。即便如此，各种问题仍然会出现，利益冲突要求得到妥善的解决，而且由于一些有意和无意的行为，争议的各方当事人发现他们需要向一个中立的第三方寻求帮助，借此他们可以将所争议的问题提交给第三方，并且借助于第三方的权威来达成妥协或者意见一致的解决方案。

在我们所生活的社会中，法律体系被要求应对大量的问题和解决不计其数的争议。确保某些标准在人与人之间审慎的交往中得到执行，这同样也是法律体系的功能之一。司法机关被授予一种微弱（delicate）但却又几乎是毫无限制的（boundless）的权力，以控制那些被指控触犯社群之人；此外还被授予了其**85**他的一些权力，用以决定如何处理一些特定的案件，在这些案件中当事人完全无意使自己陷入一种无法自救（voluntary extrication）的处境。这些情形可能都涉及一些对诉讼当事人来说最为重要的考虑；它们无疑都要求司法的这种功能能够确保每一个案件都能被公正地裁决。

出于这个原因，不必说法律体系中存在实证的、被机械适用的法律规则，而这样的争论还在继续。这不仅是不必要的，而且也是不可欲的。法律规则是多余的，原因在于结果的正义才是最重要的。法律规则是不可欲的，是因为对它们的机械适用可能会带来置个案正义于不顾的危险。司法机关被迫要处理的问题，以及它自身所应当关心的问题，与其说是枯燥、麻木地运用既有法律规则，毋宁说是使他们能够更加全面地直接考虑每一个特定案件的是非曲直。因此，与那一理论——正义要求将既已确定的法律规则适用于特定案件中去——相对的一个观念是这样的：认为正义意味着一种对每个案件的"自然的"（natural）、"个性化的"（individualistic）或者"自由裁量的"（discretionary）裁判。

这就是现在我们必须要检讨的那个观点，它认为：诉诸一种对于正义或衡平的考量而非法律规则来裁判案件，既是可能的又是可欲的。

构成这种裁决程序之基础的概念，以各式各样的名字存在了很久——诸如"衡平"（equity）、"审慎判断"（discretion）、"自然正义"（natural justice）、"良心"（good conscience）、"公平"（fairness）、"正直"（righteousness）都是曾经冠名给它的称号。此外，这个程序从第一眼看上去就十分地吸引人，并且不时还获得了广泛的接受和倡导。因为，它似乎从一开始就主张法律体系必须严格地履行那些它最常有的职能。

正如我们将要看到的，衡平程序的倡导者在提出他们对于衡平证成程序的支持性理由方面，一直都是含糊其词和语焉不详的。但是在该程序的某一个特征的表述上他们似乎是一致的。在所有衡平程序的证成理由中，任何特定裁决的一个充分和必要理由在于该裁决对于那个特定案件来说是最公正的。如此一来，从一些法律规则演绎推导出来的结论或许是不能接受的

（irrelevant）；而裁决结论本身公正与否就变得举足轻重了。

学者们所考虑过的法律体系的例子——在该法律体系中，正义借助于一种衡平裁决程序而得到落实——是高度多样化的。比如说，罗斯科·庞德提出了东方正义（Oriental justice）的例子。在他如下关于东方国家这种"无法无天"（lawless）的司法实施的讨论中，庞德参考了吉卜林*关于东方专制国家中法院的描述。

根据东方的习俗，任何一个想要提出控诉或将要被仇敌报复的男子或女子，都有权在公共听讼大会上面对面地向国王倾诉……行使这种公开陈述的特权，当然这也会给他带来某些人身风险。听了他那十分直率的陈述后，国王龙颜大悦可能会给予他以表彰，而三分钟之后一位模仿他的请愿者却被推向了断头台。[1]

庞德所提出的另一个例子是戒严令（martial law），这在西方生活方式中是更为人们所熟知的。类似地，在这儿争议并不是通过诉诸法律本身而被解决的，相反而是直接运用将军的权

＊ 拉迪亚德·吉卜林（Rudyard Kipling, 1865—1936），英国著名的小说家、诗人。——译者注

〔1〕 Kipling, "The Ameer's Homily"（In Black and White, Outward Bound ed. 204），转引自 Roscoe Pound, "Justice According to Law," 13 *Columbia Law Review* 696（1913），第697页注释。

威进行干预。"戒严令受到一些尚不可知的或尚未确立的法律体系或者法典的约束，但它似乎又凌驾于所有这些法律之上，发布那一命令的是立法者、法官和刽子手。"〔2〕

从某种角度来说，以上两个例子都遗漏了衡平裁决程序的主要特征。不可否认的一点是，它们所处的法律体系对特定案件的解决都不依赖法律规则。同样确凿无疑的是，那些法律体系并没有强调当事人各方要求实现正义的强烈愿望。它们也没有要求那些裁判者应当力求实现正义。它们仅仅确保了一点，那就是案件将会得到裁决。"自然正义"的一般理论尽管可能也有许多严重的缺陷，但是与以上两种情形相比它无疑确立了一种关于司法裁判的更高理想。

然而，还有一个体现了这种程序诸多特征的例子，它就是衡平裁决方法，其在英美法的历史中扮演着一种十分显著而又**87** 颇具争议的角色。作为一个历史性的命题，把衡平法院看作是一个落实正义的完整的、独立的制度无疑是不对的。将衡平法院所发挥的功能看作是英美司法体系事实上所履行的数个功能之一，这种说法无疑是更加准确的。〔3〕 然而，提及衡平法院却

---

〔2〕 *Inre Egan*, 5 Blatchford 319, 321（1866），同上文，第697页。

〔3〕 比如，参见庞德的有关论述，他主张在所有成熟的法律体系中都存在着两个基本的要素，它们分别是"法律的要素"和"自由裁量的要素"（庞德原文中所使用的是"legal"与"anti-legal"——译者注）。"在前法律社会，我们能够实现不需要法律的正义（justice without law）；而在法律产生之后以及法律发展进化期间，我们仍然可以在自由裁量、自然正义、衡平、良心这些非法律要素的名义下获得正义。"参见 Roscoe Pound, "The Decadence of Equity," 5 *Columbia Law Review* 20（1905），20.

是很重要的，因为对于一种立基于"在特定个案中落实正义"的裁决程序而言，它的许多追随者已经将衡平法院作为那种具有可欲性的裁决程序的一个例子提了出来。此外，它也是一个富有成效的例子，因为衡平法院有时以一种同样赞许的方式提及这种程序。因此，尽管这么做将有违衡平法院的历史意义或功能，但我仍然还是将那些共同分享这一特征的程序称之为"衡平的"裁决证成程序。

在有关司法意见的研究文献中，充斥着大量的对于那种衡平性裁决程序的描述；以下两则便是典型的例子：

衡平法制度中最为有益的原则之一，严格来说是并不存在一成不变的规则；它点亮自己的道路；它开辟自己的道路；它为自己的前进铺平道路；它诉诸大法官的良心。它植根于国王的心间，当一个臣民发现自己无法通过现有的法律而获得清楚的、充分的和完整的救济时便会向国王申诉，国王随即会命令一位牧师（他是国王良心的守护者）展开调查，而无论狭义的或技术性的法律规则对此规定了什么，他都应当给予当事人以平等的和确切的正义。大法官成为这些教会法院或衡平法院的首脑，并且由此衡平法院的司法管辖权建立在"公正行事"（right and fair dealing）这一基本原则的基础之上；它的信念（creed）是人与人之间的公平相处。

只有当良心发出命令时才能启动衡平程序，并且如果原告

的行为冒犯了自然正义的律令……他将很难获得救济……衡平
法院被人们说成是一个良心的法庭（forum of conscience），对它
的诉诸实质上就是对法官道德意识的诉诸。在适当的情况下，
法院遵照被告的良心裁判，从而迫使他做公正与正确之事。[4]

评论者们提出了（尽管并不总是赞成）一些类似的描述。
比如说，约翰·波默罗伊*论及了一种可能的衡平概念，他发现
（建立在那种衡平概念基础上的理论断言法官有权利甚至义务）
根据一种很高的道德标准和抽象权利来裁决每一个案件是不可
取的；

也就是说，法官在每一个案件中都有权利或义务为各个当
事人主持正义。衡平的观念为罗马法学家所熟知，他们将这一
观念描述如下：由公正的人士来做决定（*Arbitrium boni viri*），翻
译过来的话可能是想表达这样一种意思，即应由一位聪慧的和
具有高尚品德的人依据案件事实来做裁决。

查尔斯·费尔普斯也提出了一个类似的描述，他说：

---

〔4〕 *Cobb v. Whitney*, 124 Okla. 188, 192（1926）; *Kenyon v. Weissberg*, 240
F. 536, 537（1917）.

* 约翰·波默罗伊（John Pomeroy, 1828—1885），美国著名律师、法学家，曾
任美国加州大学法学教授。——译者注

司法衡平意味着一种系统性的呼吁，它要求我们从恶法（defective laws）的狭隘支配中解脱出来，从而服从一个称职法官的训练有素的良心，他可以将自然正义适用于那些确定的和有限的案件中去。这些案件在某种程度上既受公共政策之理由的约束，同时又受到既存先例和实在法律条文的约束。

在描述法官的理想功能方面，杰罗姆·弗兰克站在同一立场上十分清楚地提出了一个赞许性的论断。

法官就其最理想的状态来说是一个裁判者，是一个通过在特定案件事实情境中运用审慎的自由裁量权而主持正义的"理性人"（sound man）。他并不仅仅是"发现"或创造一些一般化的规则，以将它们"适用"于摆在其面前的事实中。他是在进行亚里士多德（当考虑最清楚的时候）所描述的那种意义上的"衡平"……仲裁功能（arbitral function）是司法审判中的一个核心事实。

此外，朱利叶斯·斯通提出了一个更为中立的阐释：

最终的解决办法就是服从他的（也就是大法官的）良心——或者至少是隐匿于法官内心深处的国王的良心——的命令。尽管我们找到了许多涉及神法和普遍正义的修辞，但衡平裁判权从本质上来说是基于对特定理性或国王和大法官良心的诉诸。然而，至少从表面上来说，这种裁判权并不追求颁布对所有人都具有约束力的规则。首先，无论是理论上还是实践上，它都需要通过唤起特定被告——如果有必要的话，可以对他进行拘留以便拯救他堕落的良心——的良心而得到执行……大法官与普通律师的一个主要区别在于，前者可以避免预先构想他将遵照何种前提行事。[5]

89　　对那种能够确保在每一个案件中实现正义的裁决程序的信奉，无疑是值得称赞的。像恪守对真（truth）、善（goodness）、美（beauty）以及母爱（motherhood）的承诺一样，献身于正义不言而喻也是值得称赞的。但是坚持正义应当被实现，并未告诉我们它如何能够被实现，并且不幸的是衡平裁决程序的倡导者并没有彻底完成详细阐释它的任务。他们似乎只是认为，在特定案件中一旦将实现正义的目标设定下来，那么实现这一目标的方式也就变得很明显了。根据这种裁决程序，正义可以得到最好的实现，但是他们并未说明这种特定裁决程序的性质。

　　然而，断言他们没有提供任何实质性的方法论或论证，从

　　[5]　John Norton Pomeroy, *A Treatise on Equity Jurisprudence*. 4th edition. San Francisco: Bancroft-Whitney Co.; *Rochester*, New York: The Lawyers Co-operative Publishing Co., 1918, pp. 46-47; Charles Edwards Phelps, *Elements of Judicial Equity*. Baltimore: King Brothers, 1890, §143; Jerome Frank, *Law and the Modern Mind*. New York: Tudor Publishing Co., 1936, p. 157; Julius Stone, *The Province and Function of Law*. Cambridge, Mass.: Harvard University Press, 1950, pp. 228-229.

而能够帮助我们澄清衡平裁决程序的形式与内容，这种说法是有失公允的。比如说，有人主张，由于法律规则以及特定案件的某些特征，使得诉诸法律规则来裁决案件是不适当的。与此相应，由于这个原因的存在，法官应当运用一种非理性的、非演绎性的裁决证成方法。它要求对案件裁决的证成应当通过直觉（intuition）而不是理性的方式。* 然而，应当指出的是，尽管在大多数衡平程序中我们可以看到法官会诉诸直觉，但这种对非理性的方法论的依赖并不是所有衡平程序都具有的特征。

本章只详细讨论以下两个一般性的主张：（1）正义的直觉应当是衡平裁决程序的必然属性；以及（2）由于特定案件和法律规则所具有的性质，使得将法律规则适用于这些案件已变得 **90** 不再可取。在接下来的几章中，我们将关注对衡平裁决程序的依赖所带来的其他一些问题。

正如它通常表现的那样，第一个主张——应当运用一种直觉的方法——很难被讨论和评价，因为它所要求的条件本身是远不够清晰的，而且这一程序的倡导者对此也几乎没有提供什

---

* 在本章中，"直觉"这个术语是在一种特殊的意义上使用的，很显然它的含义要比这一术语的日常哲学用法更广一些。因为，我使用"直觉"一词来意指这样一种程序，借此"真实性"或"正确性"可以得到直接的认识。在这种意义上，它既包含一种更通常哲学意义上的直觉，又包含一种诸如情感认识之类的东西。换句话说，我并不在两种不同的认识论之间做出区分，其中一种是基于正义直觉的认识论，而另一种则建立在通过"正义的意识"或"不正义的意识"所直接获得的知识的基础之上。在这样两种不同的方法之间可能存在着一些差异，但是就我的研究目的来看，它们在本质上可以被看作是相似的。

么有益的阐释方法。因此，本章主要是试图说明在本质上都可以被看作是直觉性程序的各种程序。更具体地说，至少存在着两种不同的裁决程序，可以把它们都称为"直觉性程序"，而我们需要依次对它们进行描述和分析。我并没有十足的把握说，这两种程序事实上都能够被人们所倡导。我只能说，对这些不同程序的描述可能包含了直觉方法的倡导者头脑中所想到的大多数程序或者所有更加特定的程序。

这些直觉性程序中的第一种，建立在我称之为特殊的正义（particular justice）理论的基础之上。就其最简单和最极端的形式来看，它主张在每个案件中都存在着一些或一组特性，这使得法官在眼前争议中直接地决定某个裁决正义与否变得既是可能的也是可欲的。对任何裁决的证成都源自一种特殊的直觉，它能够显示出某个裁决对这一特定案件来说是不是正义的。第二种裁决程序可以被描述为一种特殊的正义理论的修正版本。它的基本前提是，一些（但并非所有的）案件是通过诉诸相关的法律规则而被裁决的，与此同时另一些（但并非所有的）案件是通过诉诸正义的直觉而被裁决的。

这种修正版本通常会采纳两种形式。其中，此处我们权且将第一种形式称为正义的分支理论（bifurcation theory of justice），它主张某些类别下的所有待决案件无法通过诉诸相关的法律规则而被妥当地裁决。这一理论也坚持认为，法官在那些并不适宜依靠规则而被裁判的案件中必须运用直觉。

这里我们将修正版本所可能采纳的第二种形式称之为亚里 **91**
士多德式的衡平理论（Aristotelian theory of equity），它认为所有
类别下的某些待决案件无法通过诉诸相关的法律规则而被妥当
地裁决。

我们在本章还会描述第三种衡平裁决程序（但不会对它进
行评价），它与前两种程序均有很大的差异。这种非直觉的
（nonintuitive）程序坚持认为，当且仅当某个裁决能够最全面地
考虑诉讼各方当事人的利益，那么该裁决才是正当的。它对于
将直觉作为论证裁决的标准只字未提，并且对于这些论证对哪
类案件来说应该是有说服力的也没进行任何讨论。它仅仅只要
求在对任何裁决进行证成的过程中，必须要考虑诸如诉讼双方
的满意度、愉悦感、需求以及渴望等要素。

除了更精确地说明这些不同种类的程序的性质，本章还要
检讨它们所赖以为基础的理论预设，并且评价它们在多大程度
上能够成功地实现下述目标，即法院应连贯一致地进行公正
裁决。

特殊的正义理论

正如我们所已经指出的，衡平裁决程序的倡导者未能明确
地说明这种程序赖以运作的方式。因此，是否有人曾经极力主
张过这种基于特定的正义理论的裁决程序是可取的，对此我们

还尚不能确定。我们不难找到一些含混其词的表述，可以将它们解释为采纳了这样一种立场并且规定了其自身的实施方式。比如说，在我们先前所引用过的一段文章中，赫尔曼·奥利芬特注意到："法官所受到的统治性支配来自一件必然之事而非其前辈们的著述，亦即他们受到一种适当的问题解决方案之直觉的支配。"[6] 约瑟夫·查贝尔·哈奇森*法官坚持认为，司法裁决过程中的紧要时刻发生在法官亲身"凭借视觉辨识出对那个案件来说什么是对的或错误的"[7] 的那一瞬间。此外，杰罗姆·弗兰克也提出了一个类似的评价。他主张法官如果想要在诉讼当事人之间实现正义，那么他就应当有最大可能的裁判自由度（utmost latitude）。法官能够并应当对摆在其面前的每一个案件的独特性都做出回应。因为，正是"这种区别对待（individualize）和司法性立法（legislate judicially）的权力，才是法官

---

〔6〕 Herman Oliphant, "A Return to Stare Decisis," 14 *American Bar Association Journal* 71（1928），159. 引文中的着重符号是笔者所添加的。

* 约瑟夫·查贝尔·哈奇森（Joseph Chappell Hutcheson, Jr., 1979—1973），曾任美国第五巡回上诉法院法官。——译者注

〔7〕 Joseph C. Hutcheson, Jr., "The Judgment Intuitive: The Function of the 'Hunch' in Judicial Decision," 14 *Cornell Law Quarterly* 274（1929），285. 对于直觉性的论证方案的拥护者所具有的这种特性，哈奇森经常会使用一些十分神秘的赞许性论断。比如说，他声称："这种司法直觉，以及被感觉所启发和激起的意见，不仅为争议案件带来了正义，而且还像一条光明大道一样，在荒野之中为法官开辟出了一条康庄大道"。（第287—288页）

职能的本质所在".[8]

至少，此处所提到的特殊的正义理论与其他一些类似的建议并不存在什么不一致之处。因为，这一理论主张当且仅当某个裁决被直接地感觉到对于特定案件来说是公正的，那么这一司法裁决才算是获得了妥当的证成。诉诸一项法律规则、道德原则或者未来后果的裁决，既是不确定的（inconclusive）又是没什么效果的（unresponsive）。案件创造正义（justice-creating）的特征，恰恰存在于这些案件自身之中。一旦它们被直接的直觉所感知，那么对于裁决理由的探究将告终结。

在案件的这些特征被直觉所捕获之前，所有其他的调查都是微不足道的。

很显然，直觉是否能够或应当启发（suggest）法官作出一种特定的裁决，这一点是没有争议的。而对于一个裁决最初在多大程度上是根据直觉"灵机一动想出来"的，则是一个无关紧要的问题。（或者换句话说，发现的问题是没有什么争议的。）更确切地说，正像我们这儿所解释的一样，特殊的正义理论认

---

〔8〕　Jerome Frank, *Law and the Modern Mind*. New York: Tudor Publishing Co., 1936, p. 121. 亦见 Johann Georg Gmelin, "Dialecticism and Technicality: The Need of Sociological Method", in *Science of Legal Method*. Modern Legal Philosophy Series. Boston: The Boston Book Co., 1917, p. 100. 格梅林似乎提出了一个类似的观点，他认为："我们需要一种对事实的深刻的理解，需要对过眼云烟般的人类命运给予一种同情式的看待。我们要像医生对待病人那样来对待双方当事人，深入到他们的内心深处来了解他们的需求，以便能够给予他们一块富有同情心的救济面包，相反而不是一种枯燥无味的、冷漠无情的推理。"

为法官应当运用这样一种裁决论证程序，其中法官拥有某种形式的直觉这一事实，是使得直觉能够对案件的裁决产生约束力的一个有说服力的理由。如果法官凭直觉发现某个特定的裁决对于该案来说是公正的，那么该裁决之所以是正当的不是因为别的，而是归功于直觉这样一个事实的存在。不管法官是突然"意识到"应当做出那样一个裁决，还是凭直觉发现应当做出某个特定的裁决，最终为案件提供裁决理由的都是直觉。

从一种对于什么能够算作是对任何特定法律裁决的有效论证的检讨中，我们可以清晰地看到这种裁决论证理论的重要特征。下面的这场在一个法官与一个提问者之间的虚构对话，展现出的裁决的论证程序无疑是任何法院在做裁决时都不会运用的。但是，如果我们认真地对待衡平程序倡导者的一些观点，那么这场对话的确准确地展示出了一种严格基于特定正义之直觉的裁决程序所可能拥有的一些特性。下面的这场对话，发生在一个以某种方式裁决案件的法官与一个想弄清楚裁决理由的提问者之间。

93　　提问者："你是基于什么理由来证成这个案件的裁决的？"

法官："对这个案件裁决的证成建立在如下这个事实的基础上，即我凭直觉能够感觉到这个结果对眼前这个案件来说是一个最佳的结果。"

提问者："哦，你的意思是说存在着一些一般性的道德原则，它们要求包含着这类事实情境的案件应当以此种方式被裁决？"

法官："不是的，我只是想说这个裁决之所以是公正的，仅仅是因为我的直觉告诉我它对这个案件来说是公正的。"

提问者："但是我又如何能够知道你的那一直觉性判断是正确的还是错误的呢？"

法官："请你认真地观察一下这个案件的事实。这个裁决对眼前案件来说是唯一公正的结果，难道这一点还不明显吗？你再认真地看一看，或许你也会有同样的直觉。"

提问者："但是，如果我没有任何一种类似的直觉，或者如果我有一种相反的直觉的话，那么为了说服我信赖你对那个裁决的证成，除了你刚刚所说的这些，你还有什么要说的吗？"

法官："说得好，我知道那个裁决是公正的，并且我也相信其他人对此也有相同的直觉性判断。"

提问者："公平起见，是不是可以这样说，你至少会以同样的方式裁决其他与此相类似的案件？"

法官："我无法先验地承诺这样一个结论在所有其他案件中都将是公正的。在我能够妥当地运用直觉发现对某个特定案件来说是真正公正的裁决之前，我必须要全面地检视每一个案件的所有事实。

"当某个案件摆在我面前时，我只能发现对那个案件来说一个公正的裁决是什么样的。"

假定这种对任何实际的司法裁决证成的夸张性描述，忠实于特殊正义裁决程序的本质特征，那么人们可能会基于一些理由来质疑此种裁决证成程序的可欲性。第一种质疑与消除司法裁决过程中的偏见或成见有关。

在第四章，我们就曾提出过法律体系应该尽可能免于偏见、偏袒或者裁判者的一些类似的个性。在那一章结尾我们得出了**94** 这样的结论，即先例裁决程序对于实现上述目标是一个不太有成效的方式。就此而言，特殊的正义理论在实现上述目标的效用方面可能会遭到一个更强烈的反对。罗斯科·庞德是这么批评的：

> 具备科学性的法律（scientific law）是一个理性的原则集合体，它旨在追求和落实正义；而与其相对的那个体系，无论多么地诚实可靠，也无论在正义、衡平或自然的名义下做了多少伪装，都是一个强制性的、专横的、反复无常的体系……法律之所以要具有科学性，是因为它想要尽可能消除司法管理中的个性（personal equation）因素、防止腐败以及限制由于法官的傲慢发生危险的可能性。[9]

庞德所表达的这种意见是令人钦佩的；但是，如果想要说明特殊的正义理论并未成功地消除司法裁决中的"个性因素"，我们还需要更加详细的解释和论证。

---

〔9〕 Roscoe Pound, " Mechanical Jurisprudence," 8 *Columbia Law Review* 605 (1908), 605.

就本研究的目的而言，某些裁决程序在实现公正方面比其他程序更加地具有说服力，这一论断既可以被理解成一种准确的经验性观察，也可以被理解为一个合理的规范性假设。此外，对于那些能够最好地实现那一目标的程序而言，至少必须具备三方面的特性。首先，在这些裁决程序之下，应该存在着一些独立的判别标准，做出裁决之人借此可以评价他所获致的结论以及据以做出该结论的行动步骤。除此之外，这一必要条件还能够确保以下这一点，即任何行动方案的倡导者首先必须基于一些"外部的"理由来说服他自己接受这一倡议是可欲的。其次，并且或许也是更为重要的一个条件，在于对任何提议的正当性证成应当提交给公众并且能够经得住他们的检验。因为，这种向公众公开的要求向我们展示了何者可以被一致地证成是一种最有效的方式，借此可以在倡导者的热情以及自称是预言家之人的想象力和更非个人化的、更加理性的以及公正无私的社群智慧之间做出对比。要求裁决的理由公布于众，实际上就是主张一种通往独立的检验与批评之路应当保持公开和畅通。与前两点要求紧密相关，第三个条件要求所有的裁决根据或理由都应当展示出来并且能够被评价。它认为论证、证成以及明确的说理过程不应当仓促地终止以敷衍了事。它要求证成的过程要一直持续下去，直到裁决做出所依赖的以及借此获得可接受性的那个"根本的"前提被全面地展示出来为止。因为，只有在我们完成了这一点以后，才能够正当地——如果它可以是

95

正当的话——得出结论说，明智地进行讨论的理由实际上不再存在了。强调应当提出这些条件，实际上就是主张人类应当是理性的——就这个词语的最佳意义来讲——以便使他们所获得的结论尽可能地准确以及使他们所采取的行为尽可能地有益。

约翰·杜威*在一篇叫《逻辑方法与法律》的文章中，很好地说明了理性的调查研究和论证在法律中所应发挥的核心作用。

法院不仅要对案件作出裁判；他们还要阐明这些判决，并且要阐明其判决的正当理由……对裁判理由的阐明意味着，他已经获得了一个明确的裁决结论，在法律的意义上案情现在已经是确定的了。其目的就是阐明案件裁决的理由，以便使得该裁决看起来不像是一个专断的命令，与此同时也为未来处理类似的案件指明一条规则。极有可能的一点是，需要向其他人证明他所获得结论和作出的裁决是合理的，在某种确切的意义上讲已经成了逻辑活动起源和发展的主要原因；同时也是抽象化、一般性以及注重推理（implications）的一致性的主要原因。因此十分可信的是，如果从来就没有人将其作出某个裁决理由向他人说明的话，那么逻辑活动将永远得不到发展，但是人们可能会专门使用一些难以言喻的直觉、印象以及感觉等方法；结

---

* 约翰·杜威（John Dewey，1859—1952），美国著名的哲学家、教育家，是实用主义的集大成者。代表著作有《哲学的改造》《民主与教育》《经验与教育》《经验与自然》《人类的问题》等。——译者注

果如此一来，只有充分经历了向他人——他们要求裁判者给出理由或提出辩解，并且不达此目的他们绝不善罢甘休——解释其作出判决的理由之后，人们才开始以某种合理的方式解释其获得某个裁决结论的过程。无论如何，可以确定的一点是，在司法裁决的过程中专断命令的替代性选择——它之所以为争议双方所接受，仅仅是作出裁判的那个法官所享有的权威或声望——是一个理性的陈述，它明确地表述了判决理由并揭示了相关的一致性（connecting）或逻辑关系（logical relation）。[10]

一种建立在特定公正裁决的直觉的基础上的程序无法满足这些条件。直觉在本质上是一个人内心的想法，它们很难获得，更难用言辞向外人表达与证实。必须要根据以下事实来对法官所获得或提出来的结论是否正确进行证明，即"直觉者"（intu-itor）公开证成他所拥有的那一直觉是正确的。除非某个人拥有一种可比较的（comparable）直觉，否则"直觉者"这个词就必 **96**须被看作是表达了这样两个事实，其一他富有想象力，其二他如实地阐述了自己内心的那一命令。人类历史的发展进程向我们展示了，在其他一些重要领域设定比这还要更加严格的要求是可欲的；因此，如果主张一个和法律体系一样重要的制度不应受人待见，这会让人感觉很奇怪。

---

〔10〕　John Dewey，"Logical Method and Law," 10 *Cornell Law Quarterly* 17（1924），24.

当然这并不是说，在我们能够拥有一种好的法律体系之前所需要的是逃离"枷锁之下的肉身"从而进入一个抽象和先验存在的领域。要求司法裁决必须基于一些理性的理由而被证明是正当的，并没有对它提出上面的这种要求。然而，它所坚持的是直觉（尤其是要求做出特定裁决的直觉）不应当成为证成某个裁决是否正当的那类理由。由于这些直觉在本质上必然是一种直觉者的内心活动，如此一来对它们的依赖就使得任何对司法裁决的外部评价失去了可能。由于它们在本质上是非理性的，它们只会模糊事实和幻想、希望和空想之间的界限。下面这一点无疑是正确的，即便是理性的生活（在该术语的这种意义上）也并没有像一些人所设想的那样，证明它能够有助于过上幸福的生活或者从冲突中获得自由。但是，同样也正确的一点是，打着私有真理（private truth）和个人启示（personal reve-lation）的名义所做的不端行为的数量是不可估量的。只要有人类存在的地方就会有法官——他们认为自己对特定的正义有绝对正确的直觉，这一观察无疑是一种老生常谈。但同样也正确的一点是，依赖直觉性的能力并将其作为一个理想的证成标准，仅仅只能被看作是一种不明智的、考虑不周的、站不住脚的规范性立场。

如果不是需要长篇大论的话，有一个相关的观点值得一提。在第四章中我们看到，对司法后果提前进行预测是一个法律体系所具有的重要和可欲的属性。单独依靠此处所讨论的直觉性的裁决证成理论，很明显也无法实现那一提前预测后果的目标。在特定案件中，如果法官基于什么是公正的以及仅仅根据那一案件的独特性来裁决案件，那么随之而来会有这样三个方面的 **97** 问题：首先，归类的任务将会变得越来越困难，如果这种归类活动不是不可能的话；其次，由于案情的独特性是至关重要的，因此可以推测过去的司法裁决对未来司法行为来说是极其不可靠的指引；最后，在一定程度上，每个特定的法官都倾向于拥有一种独特的直觉，如此一来这使得法官的裁判之道仍然是飘摇不定的和不可预测的。

人们可能会争辩说，为特定案件的裁决运送正义的条件不必在每个案件中都是不同的。但若果真如此的话，我们就很难理解下面这一点，即特殊的正义理论的倡导者为什么还会主张每个案件的独特性因素是非常重要的。有人可能还会主张，对直觉进行独立的证实似乎是可以做到的，因为他人也可能拥有同样的特殊正义直觉，并且由此可以验证直觉者所作出的那个最初结论是否正确。但是如果真是这样的话，那么这一主张所赖以为基础的那个经验性命题在被接受之前，应当得到十分有说服力的说明——尤其是要根据一些广泛的相反的历史性证据来加以解释。

特殊正义理论未能提供一种基于理性的根据检验裁决的方式，同时它也未能提供充分的法律数据来帮助法官对未来作出成功的理性推断，这加在一起构成了该论证理论潜在价值的一个较为严重的缺陷。先前所假定的特定直觉所固有的不可靠性，也是同样重要的。如果衡平理论表示这样一种裁决程序是可以接受的话（当然它不会这样），那么能够被提出来用以论证拒绝这一主张的理由是绰绰有余的。

修正的特殊正义理论

所有的裁决都应仅仅根据裁决正义的直觉得到全面的论证，这个主张很显然是一种极端的立场。甚至将这一倡导归之于任何特定的法哲学家，或许也是不准确的。但是，存在着两种受限的（restricted）或修正的特殊正义理论，它们已经得到了十分明确的阐释并被广为接受。一方面，正义的分支理论得到了庞德最为坚定的支持，它主张在两种不同类别的案件——也就是说有关财产和合同问题的案件与涉及人类行为与计划之间冲突的案件——之间存在着根本性的区别。庞德认为，前一类案件应当诉诸规则来裁判，而后一类案件应当根据直觉来裁判。另一方面，是亚里士多德式的衡平理论，它主张法律规则应当被用以裁决所有类别的案件，但是在每类案件中仍然存在着一些特殊的案件，它们必然无法通过适用法律规则得到裁决。

这两种不同的理论都提出了两个同样的问题：（1）为什么具备法律规则通常形式的规则不能够裁决所有起诉至法院的待决案件呢？以及（2）又应当如何裁决那些无法诉诸规则获得解

决的案件呢？由于无论是庞德还是亚里士多德都没有为那个二分法（意指前述将案件分为可以通过规则来裁判的案件与不可诉诸规则来裁判的特殊案件——译者注）提供一个令人信服的论证，因此第一个问题就成了讨论的重心所在。这两种理论从根本上研究了一些被提出支持下述命题的论据，即至少会存在着这样一些案件，它们并不是通过适用已经或能够形成的相关法律规则被裁决的，而是诉诸这些规则之外的其他一些东西来裁决的。然而，在某种程度上它们提出了一种那类特定案件应当被裁决的不同方式，同时也分析了这些不同的裁决程序。

<h3 style="text-align:center">正义的分支理论</h3>

在庞德的一篇叫作《司法裁决理论》的长文中，我们可以找到对正义分支理论的最为清晰和完整的阐述。在这篇文章中，由于倚重对亨利·柏格森*形而上学的解释，庞德提出根据规则和抽象的观念（abstract conceptions）裁决涉及合同与财产权利的案件。进一步地，他还主张应当运用直觉裁决有关人类行为的案件。

庞德认为，我们不应羞于承认直觉在涉及人类生活的案件

---

*　亨利·柏格森（Henri Bergson，1859—1941），法国著名哲学家，曾获诺贝尔文学奖，代表著作有《创造进化论》《直觉意识的研究》《物质与记忆》等。——译者注

的裁判中所发挥的决定性作用。

柏格森告诉我们，人类创造规则与运用规则的才智更加适合于人造物，而相比之下，直觉更加适合于调整生活。同样地，那些被机械地适用的法律规则和法律观念更加适合于调整财产权利及商业交易。基于直觉所运用的一些标准更加适用于调整人类行为以及行为计划。柏格森告诉我们，与直觉截然不同，才智的主要特征在于"它能够捕捉住事实情境的一般性要素并将之与过去的一些情境关联起来"。但是，他紧接着指出，这种能力的获得是以丧失"对由直觉所支配的特定情境的完整掌控"为代价的。法院、陪审团或者行政官员借助于直觉所适用的那些标准是为了一些特定情境——其中我们被迫对某些情形加以考虑——而设计的，同时也是为那类每个案件都具有很大独特性的案件所设计的。因为，对这些案件的裁判必须依赖于普通人关于普通事物的常识，以及专家对于不同寻常的事物的训练有素的常识。另外，这种常识也不可采取三段论的形式。为了再一次地利用柏格森关于才智与直觉的讨论，那个机制可以重复地运作："它的运用是机械的，因为它重复性的运作并不会产生什么具有独特性的产品。"才智的方法可以极好地适用于财产法和商法，在这些领域中永久地产权（fee simple）* 彼此之间

---

　　* 是英美财产法中的一个概念，也可以被翻译为"永久产权""完全地产权"，是指土地所有者所拥有的全权、任意处理其地产的权利。——译者注

都是相似的，因此并不需要在这个本票（promissory note）*与其他本票之间做出个性化的司法判决。另一方面，对于一些手工制品来说，工匠的专业技能——熟练与否取决于其对特定物品的熟悉程度——可以无限地给予我们一些更加微妙的东西，而这一点是通过规则所难以表达出来的。在司法的运作过程中，法律所规定的某些情境是针对手工制品而非机械制品的。在法律工厂制造的产品要求个性化的地方——也就是在我们将法律运用于人类行为以及行为计划的地方——我们要诉诸一些标准并通过直觉运用它们。[11]

庞德对上述案件的分类提供了这样的基础（foundation）：一个永久地产权或一个本票和同类的其他永久地产权或本票都是相似的。如此一来，每一个都可以像另一个一样得到类似的对待。相比之下，任何涉及人类行为的案件，在本质上都与其他涉及人类行为的案件是不同的。因此，这样的每一个案件都应

---

　　*　本票是指一个人向另一个人签发的，保证即期或定期或在可以确定的将来的时间，对某人或其指定人或持票人支付一定金额的无条件书面承诺。比如我国《票据法》第七十三条将本票界定为："本票是出票人签发的，承诺自己在见票时无条件支付确定的金额给收款人或者持票人的票据。"——译者注

　　〔11〕　Roscoe Pound, "The Theory of Judicial Decision," 36 *Harvard Law Review* 641 (1923), 951–952.

当根据其自身的特点和独特的事实，通过直觉被加以区别对待。[12] 当这种二分法建立在这一论据之上时，便是站不住脚的。为了说明庞德的论证到底哪里出了问题，也为了确保我没有误解他的理论，我们必须首先给出为那两种不同情形所能够接受的例子。

针对第一种情形，我们可以举出很多的例子。权且假定庞德会接受下面的这个例子，并将其作为财产或合同案件——这类案件应该被机械地或概念性地裁判——的一个例证。A 是某块黑土地（Blackacre）* 的永久产权人，他将自己的这块土地以每年 5000 美金的租金出租给了 B。到了年底，尽管 A 一直在通知 B 租赁合同即将到期，但在合同到期之后 B 仍然没有搬走并继续占有着这块黑土地。于是 A 将 B 起诉到法院，要求 B 向自己支付 5000 美金，其理由在于在原来的那个租赁期届满之后 B 仍然"占有着"该土地，因此基于这一事实 A 可以继续将 B 看

100

---

〔12〕 应当以一种不同于合同或财产案件的方式来对待侵权以及与之类似的案件，尽管迪金森给出了一个多少有些不同的论证，但它似乎至少部分地采纳了庞德的论据。因为他同意庞德的这一说法，即存在着这样一个领域，其中"每一个案件都包含大量的相关要素（pertinent element），它们在重要的方面因案而异，（因此）在实践上想要从中挑出某个或某些特殊的要素并将其作为整个领域的判断标准是不可能的。的确是这样，所有的日常行为问题（诸如商业交易的问题）并不必然指向一个法律后果的产生"。John Dickinson, *Administrative Justice and the Supremacy of Law*. New York: Russell and Russell, 1959, pp. 145-146.

＊"Blackacre" 这个词是美国财产法中经常使用的一个概念，其实是一个被虚构的概念，通常被翻译为"黑土地"，其对应的一个概念是"Whiteacre"，相应地被翻译为"白土地"，二者均意指财产权的一种标的物。——译者注

作是他的租户——在这种情形下新的租期仍然是一年——并要求 B 为新的租期支付相应的租金。

我并没有十足的把握为第二种情形找到一个十分明确的例子。然而，我认为庞德将会赞同我所列举的下面这个例子，它例证了那种明显需要运用直觉裁判的情形，因为它包含着需要作出区别对待的情形。

1916 年 7 月 8 日，16 岁的哈维·海因斯，与两个同伴想从曼哈顿游到布朗克斯的哈莱姆河*或美国运河（一条通行的河流）的对岸。沿着这条河流，在布朗克斯的这一边是被告所享有的通行权（right of way）区域，即纽约中央铁路，被告在那个地方通过在电线杆和横木上架设高压电线来控制其列车。有一块木板或跳板通过被告的铁路隔墙伸向河面的上方，附近的小伙伴们常常站在上面跳水。那个木板的一端压在被告土地上的一块石头的下面，在与隔墙的接触面处也被砸进了钉子……游泳者们拿这个木板当跳板来使用至少有五年多的时间了，而这期间并未遭到任何的反对或阻止。

就在案发的这一天，海因斯和他的同伴爬到了这块木板的上面，试图从木板上纵身跃入水底。他们当中有一个人安全地从上面跳了下去。紧接着海因斯也跟着走到了跳板的正前端，

---

* 哈莱姆河位于东河与哈德逊河之间，分隔曼哈顿和布朗克斯两个行政区。——译者注

站在那里做好了跳水的准备。就在那一瞬间，一根悬挂有电线的横木从被告的电线杆上倒塌下来。电线落到了水面上，并将海因斯从破碎的木板上打落至水中，海因斯因此丧命。事后，他的母亲作为遗产管理人向法院提起了诉讼，要求被告给予相应的赔偿。[13]

假定庞德接受将上述两个案件作为那两种不同情形（即涉及合同或财产权利的案件与涉及人类行为的案件——译者注）的典型特例，那么他可能有理由主张它们之间存在着十分显著的差异。在第一个关于土地租赁的案件中，在 A 与 B 双方当事人之间存在着一个完全有效的书面租赁合同，根据该合同 B 仅仅有权占有那个土地一年。由于合同期限届满 B 仍然拒绝搬走，如此一来他就成了一个"延期承租人"（hold-over tenant）。本案中的延期承租人与任何其他案件中的延期承租人并没有什么根本的不同。因此，B 的权利也就和任何其他类似的延期承租人是一样的，并且 A 因此应当能够要求 B 支付新租期的全部租金。

可怜的海因斯案则是完全不同的。所有无法估量的因素在这个案件中都出现了，并且由于这些因素是不可估量的，因此很难将它们讲清楚。可以推测一下，海因斯可能是一个城市里的穷孩子，他没有地方可以游泳所以就跑到这儿来了；他和他

〔13〕 *Hynes v. New York Central RR. Co.*, 231 N. Y. 229，231（1921）．

的朋友可能已经在这里游泳游了好多年；被告是一个很富有的铁路主，并且他可能知道这群孩子一直在这儿游泳。以上尽管只是对这个案件之性质的一种粗略估计，但所有这些因素使得法官在这个案件中不能机械地适用非法入侵土地的责任规则。

当我们以这种方式来讨论时，庞德对案件所做的两种分类通过上述案例便展现出了其说服力。有人可能会说，将一个租赁合同与另一个租赁合同相比，并不能揭示出它们之间有任何显著的差异；当我们放在海因斯之死这个特定的背景中来看的话，海因斯与纽约中央铁路公司各自的立场似乎造就了一个特殊的案件。对案件二分的说服力并不在于这两种不同类别的案件之间有什么实质性的差异，而在于我们以何种方式来描述案件。通过一种十分不同的方式来描述刚刚所讨论的那两个案件，先前所假定的那一实质性区分的表面情形便能够得到最明显的说明。除了仅仅宣告在两个（用字母 A 和 B 表示的）无名者之间存在着一份得到正确地履行的租赁合同之外，所谓的"财产权"一类的案件还可以以下面这种方式来描述：一位叫赫特的承租人答应自己将于 1895 年 5 月 1 日从出租人的房屋中搬走，但是在 1895 年 5 月 1 日这天，和他住在一起的老母亲突然身患疾病，

她由于疾病而卧床不起，以至于如果将她带离这个房间可能会有生命危险；不为别的，正是因为这个原告（也就是出租

人）也完全知晓的原因，直到 5 月 15 日被告不得不并且事实上的确占据了那个房屋的一小部分；在 1895 年 5 月 1 日这天，除了卧床不起的老母亲还住在那个狭窄的小房间中，他们的家人连同财物、家具、行李一起搬离了那个房屋，并且医生禁止家人在老母亲病好之前将其带离，直到 5 月 15 日病好这天老母亲才立马搬走。[14]

102　　以同样的方式，我们也可以这样客观地来描述海因斯案：A 非法侵入了 B 的土地，B 用于商业运营的一根电线从其固定点脱落，不巧击中了非法入侵者并因此使其当场丧命。非法入侵者的遗产管理人将土地主 B 告上了法庭并要求其进行赔偿。

　　对那两个案件所做的重述的要点就是这样的。主张一个非法入侵与其他任何的非法入侵是相似的和主张一个租赁与其他任何的租赁是相似的一样，二者看上去似乎都是合理的。如果人们只注意"交易"本身而忽略双方当事人的情况，那么将规则"机械地"适用于一个案件中的交易与将规则"机械地"适用于其他案件中的交易看似都是完全理智的。如果人们一旦注意到案件中的"特殊情形"，就像注意到可能构成一个财产权案件或侵权案件中的特殊情形，那么在这些案件中规则适用的情形就大大不同了。

　　由此并不能得出结论说这些"特殊情形"永远都不应被考

---

　　〔14〕　*Herter v. Mullen*，159 N. Y. 28，41–42（1899）.

虑，也不能得出结论说所有案件都应当被"机械地"裁判。相反，由于所有的财产权案件是相似的而所有的侵权案件是不同的，结论便是案件之间的差异无法再得到理智的维持。以一种方式对待财产权案件和合同案件，而以另一种不同的方式对待像海因斯案这样的案件，事实上存在着充分的理由这么做。其中的一些理由将会在下一章中有所讨论。但是，基于庞德所提出的理由主张应当将法律案件的类别一分为二，这是没有什么意义的。如果某个人决定在财产权案件中不应考虑某些特殊的情形，而在侵权案件中却考虑这些特殊的情形，那么无疑这两类案件之间存在着区别。尽管如此，我们仍需注意这样一个事实，即不仅在任何财产权案件中存在着特殊的情形，而且这些特殊情形在任何其他种类的待决案件中也同样存在。一个租赁案件与一个非法入侵案件在独特性方面不相上下。在这类案件中被理智地加以考虑的情形，也同样应当在其他类别的案件中被理智地考虑。如果这两类案件应当被区别对待，那么原因并不在于它们之间有什么本质的不同。如此一来，如果那个案件的分类理论要想站得住脚，就必须进一步提出其他的一些证据。

　　同样地，对于如下主张（正如庞德那样）人们可能并无异议，即认为存在着这样一些案件，它们应当诉诸一些不同种类的法律规则（而非用以证成其他裁决的规则）被裁判。注意到 **103** 下面这一点可能是十分重要的，也就是说存在着一些案件，它们可以根据一些规则——这些规则自身就包含了对于一些十分一般性的标准的诉诸，而非对于一些更为狭窄的条件的诉诸——获得最佳的裁判。这一点似乎就是庞德在下面的这段话中想要说的：

正如我们所发现和解释的，对法律规则频繁地适用是直觉性的。当衡平法院对某个信托人的行为做出判断时，或当它运用自由裁量权要求强制履行某个行为时，或对某个疑难的交易纠纷做出裁判时，或在没有陪审团参与的案件中决定某个过失问题时，运用直觉的论断在这些情形中表现得很明显。无论我们十九世纪的观念——除了规则和逻辑之外，所有可能让人们在司法运行的进程中想到的一切——是多么地令人厌恶，我们都不应对如下事实充耳不闻，即一位训练有素的法官的直觉至少在司法过程中的三个方面发挥着至关重要的作用。首先是在裁决理由的选择过程中发挥着作用——也就是发现既能帮助提出一个裁决理由又能在具体的案件中实现正义的法律材料。正是由于那些研究司法裁决的人所拥有的日常经验（everyday experience），才使得他们所做出的裁决通常是合理的，而至于得出那一裁决结论的推理本身是否合理则在所不问。在那些法官不知如何给出无可指责的法律理由的案件中，训练有素的直觉持续性地引导着他做出正确的判决。其次，在形成或解释裁决理由的过程中，直觉也能够发挥其应有的作用。当法官有必要适用具有内在价值的各种可能的解释标准时，这表现得尤为明显。最后，在将裁决理由运用于案件事实的过程中，规则的直觉性适用也会发挥作用。[15]

　　像其他许多对直觉之作用的讨论一样，上面所援引的庞德的这段话也十分令人费解。主张（比如说）侵权案件的裁决事实上并且应当诉诸一种理性的标准而非一些特定的规则——它们非常准确而又详细地说明了什么是或者不是合理的行为，在这一点上庞德或许是对的（对于这个问题在第七章中还会有更加详细的讨论）。但是，即便这就是庞德所想要表达的意思，也并不能仅仅因为存在着两种根本不同的案件——也就是说，其中一类彼此在本质上是相似的，而另一类则各具内在的特色，就得出结论说应当对它们适用两种不同"种类"的裁决论证方法。

　　此外，我们也很难理解"裁决理由事实上并且应当根据直觉来选择"这一主张到底想要说些什么。如果它的意思是说，唯一能够支持某个裁决的理由在于法官凭借直觉发现该理由对于裁决来说是适当的，那么如此一来对理由的这种直觉性选择似乎也会受到和根据直觉选择特定裁决结论一样的批评。而在这一点上，想要理解这些被提出的裁决理由是如何通过直觉运用到事实当中的就更加地困难了。因为，如果存在着某种看似 **104**

---

〔15〕　Roscoe Pound，"The Theory of Judicial Decision," 36 *Harvard Law Review* 641（1923），951.

可以直接运用逻辑——在该术语较窄或正式的意义上——的情形，那么其实这是将规则或理由适用于已经被描述好的特定事实情境。

再者，对于某些案件的裁判，如果认为应当诉诸一种一般性标准而非法律规则的做法是正确的话，那么我们仍然无法得出下述结论，即这种对于一般性标准的诉诸在本质上是依赖直觉的。即使存在着这样一些案件，其中一个核心的问题在于某个行为是否是合理的，我们很显然也不能由此断定这是一个无法被"理性地"加以回答的问题。庞德的讨论至少对下面的这个解释保持开放，亦即如果将某个一般性的标准适用于行为之中，那么针对那个行为我们唯一能说的就是根据直觉可以判断它是否合理。然而，似乎仍然能够提出一种非直觉性的理由用以支持这样一个观点，即可以根据一个特定的标准来判断某个行为是否合理。事实上，如果那个标准仅仅是依靠直觉才能被考虑的话，那么我们就很难理解它在证成裁决的过程中到底能够发挥什么样的作用了。

最后，庞德主张即便法官所给出的理由是错误的，他们仍然能够"得出正确的结论"，如果说庞德的这个主张没错的话，那么言外之意他似乎是在说法官能够并且应当给出"正确的裁决理由"。现在我们可以推断，或许庞德眼中的正确理由就是一种用以判断某个裁决是否正确的直觉。但是，如果他还有别的意思的话，如果他想说还存在着其他一些评价某个裁决是否正确的标准，那么似乎应当需要详细解释的是这些标准而非直觉。法院经常给出"错误的裁决理由"，这一事实本身并不意味着法院不应当给出理由。并且，如果说（在一种非直觉性的意义上）讨论司法裁决是"正确的"还是"错误的"有意义的话，那么 **105** 这将意味着法院能够并应当为其司法裁决给出一些合理的理由。正是这些法院本应给出但却并未给出的理由，才应当被看作是以某种特定的方式裁决案件的正当理由。此外，不管是什么使得这些理由对裁决来说是"充分的"，它们都应成为裁决证成的标准。由此，尽管维持庞德的二分法可能是有意义的，但维持它的理由仍然有待进一步阐明。并且，主张一些案件的裁判应当诉诸某个标准而非规则，尽管注意到这一点可能是有益的，但这并不意味着直觉应当成为这些案件正确选择或适用的裁判标准。

亚里士多德式的衡平理论

接受诸如庞德的这种观点并不罕见。然而更为通常的情形是依赖于一个以如下命题为基础的主张，该命题认为规则无法被妥当地用以裁决任何一个类别中的所有案件。它主张在任何一类案件中始终都存在着一些特殊的案件，通过运用一些理想的法律规则来裁决它们是不妥当的。原因很简单，法律规则并不能为任何一类案件中的所有案件都提供一个充分的解释；其中一些案件的裁判必定要直接诉诸对正义的考量。

这一观点已经被几乎所有的评论者、法哲学家以及许多法院完全不加批评地接受了。[16] 有关这一观点最具权威性的章节（*locus classicus*）是亚里士多德《尼各马可伦理学》一书第五卷

---

[16] 比如，参见 Jerome Frank, *Law and the Modern Mind*. New York：Tudor Publishing Co., 1936, pp. 118-119, 以及 Edwin Patterson, *Jurisprudence：Men and Ideas of the Law*. Brooklyn：The Foundation Press, Inc., 1953, p. 582. 另外，萨尔蒙德认为："由于法律所制定的是一般性原则，它不可避免地对个案中的一些特定情形没有给予充分的考虑或注意，如此一来原则的这种一般性特征在个案的适用中可能会导致裁判结果的不正义……在所有这类案件中，为了避免不正义的出现，人们可能会认为法官有必要超越法律而裁判，甚或做出与法律相反的裁决，以及根据自然理性的律令裁判案件。"参见 John W. Salmond, *Jurisprudence*. 11th ed.. London：Sweet and Maxwell, 1957, p. 83。

司法意见中对于同一观点的表达，比如说："衡平法学的整个体系是建立在如下理论的基础之上的，法律由于具有广泛性，导致它无法在当事人双方之间实现正义；而相比之下，衡平法并不受到普通法的形式或诉讼程序的影响，因此它更加具有弹性并能更好地实现上述那一目标。"请参见 *Berkel v. Berwind-White Coal Mining Co.*, 220 Pa. 65（1908），p. 75。

与此同时，埃利希延续着相同观点似乎提出了一个更强的主张："除了自由裁决之外，人们无法期待能够从此类技术性的裁决中得到更好的或更公正的结果。一般而言，与建立一个抽象的规则——它可以适用于所有可以想象的案件中，并且它当然也很难保证这一规则的适用总是能够带来最公正的裁决结果，即便在那些制定该规则时人们从未想到的案件中也是如此——相比，正确地裁决一个明确的案件无疑是更加容易的。"参见 Eugen Ehrlich, "Judicial Freedom of Decision：Its Principles and Objects," in *Science of Legal Method*. Modern Legal Philosophy Series. Boston：The Boston Book Co., 1917, p. 63。

埃利希所提出的这个二分法似乎是令人信服的。然而，困难的问题在于以何种方式（如果存在这种方式的话）我们才能知道正确地裁决一个特定的案件不同于为那类案件制定或适用一个规则。如果在不设定一个规则的前提下，某个案件就不能得到正确地裁判的话，那么埃利希所提出的那一主张就似乎不再那么有吸引力了。请参见第六章、第七章，那里对这个问题有更加详细的探讨。

的第十章；在更晚近的一些作品中，亚里士多德的这一观点在仅仅只有很小变动的情形下得到了重述。正如亚里士多德所说的以及后来的其他哲学家所重述的那样，我认为对这一假定的论证缺乏实质性的根据。但是，无论是对其作者的遵从还是对其广泛的接受性的遵从，都要求我们应当更加仔细地考虑那个提议。

　　亚里士多德一开始就区分了两种不同的正义：法律正义（legal justice）与其他一些形式的大概等同于衡平的正义。在亚里士多德看来这一区分是必要的，原因在于规则具有一般性，如此一来完全地在正义与法律规则之间画等号就是不正确的。**106**具体他是这样解释的：

　　法律是一种一般性的陈述，但是有些事情是无法用一般性的表述来澄清是非的。因此当那些需要使用一般性陈述但这种陈述又不可能正确地适用于所有情形时，法律就要考虑通常的情形，尽管他会意识到这有可能会发生错误。法律这么做并没有什么不对。因为错误并不在于法律，也不在于立法者，而在于人类行为的性质。因为，人类行为的问题从一开始就必然是这样的……虽然衡平是公正（just）并且优于正义（justice）——它稍逊于绝对的正义（absolute justice），但优于一个绝对性的陈述所带来的错误。这就是衡平的性质，它是对法律由于其一般性所带来的缺陷的一种校正。事实上，这就是法律为什么不能调整所有事情的原因之所在，也就是说针对某些事情我们无法设定一个法律规则，而对此需要判决（decree）来决定。[17]

很显然，这段话揭示了一种对于某些理论和问题的依赖，而这些理论和问题在本研究中已经得到了处理。但是亚里士多德的论断同时也提出了一些新的问题。尤其是，必须更加准确地解释和评价将某个相关的规则适用于特定的事实情境的条件。对于亚里士多德的想法，似乎存在着两种可能的解释。

一方面，那段文字可以被解释为仅仅提出了这样一个观点，即总是存在着一些难以被立法者提前预想到的案件。或许这就是亚里士多德的下面这段话所想要表达的意思：当法律用一般性的陈述制定一条规则时，就会产生一种不受该规则所调整的例外情形。当法律的规定过于简单而有缺陷和错误时，那么通过制定例外规则来纠正这种缺陷和错误无疑是正确的。但是由此所制定的例外规则，必须做到立法者身临其境也会所想和所做的那些事情。[18] 《瑞士民法典》似乎承袭了亚里士多德的这一思路，该法第一条规定："凡依本法之文字或精神有相应规定的法律问题，均应一律适用本法。在缺乏相应的规定时，法官

---

〔17〕 Aristotle, *Nicomachean Ethics*, Trans. W. D. Ross in The Basic Works of Aristotle. New York: Random House, 1941, 1137b, 12-29.

〔18〕 *Ibid.*, 20.

应当根据既存的习惯法裁判。如无习惯法时，依据自己如若作为立法者所应提出的规则来裁判。"[19] 换句话说，如果出现了一个缺乏相应法律规则的案件，那么显然法官应当为其判决的证成寻求一些其他的标准而非实在性的法律规则。

比如说，对于星际空间（interspace）中的宇航器的驾驶许可问题，目前并没有任何相关的法律规定。立法者——至于他是一位以立法者的身份还是法官的身份来扮演立法者角色的，这都无关紧要——很显然并不会制定一部这样的法律，原因很简单，因为目前似乎没有任何必要专门通过立法去规制此类事情。并且，无疑有无数的这类情形在特定的时刻是无法被预料到并通过立法来规制的，这完全是因为目前我们还没有办法预料它们之中的任何一个是否存在。

另一方面，同样也很明显的一点是，这并不是亚里士多德的本意。相反，上面所摘引的第一段文字建立在一个十分不同的假定之上。它似乎依赖于这样一个前提预设，亦即至少会存在着一些情形，它们不能简单地通过适用任何种类的一般性规则而被裁判，这一点对于庞德的案件类别的二分理论以及特殊的正义理论来说都是至关重要的。亚里士多德至少在三个不同的地方都对这一观点发表了评论："有些事情是无法用一般性的表述来澄清是非的"；"错误并不在于法律，也不在于立法者，

---

[19] 《瑞士民法典》第一条；也可以参见 Benjamin Cardozo, *The Nature of the Judicial Process*. New Haven, Yale University Press, 1921, pp. 142–143。

而在于人类行为的性质"; "对于某些事情我们无法设定一个法律规则"。

反过来，这几段文字似乎又支持两种不同的解释：（1）亚里士多德的意思可能是说，存在着某些类别的行为或情形，对此根本就不应设定任何种类的规则。这类案件的某些特征并不无可非议地容许那种抽象性以及类别化成为借助普通法律规则裁决特定案件的必要条件。也就是说，亚里士多德可能提出了一种和庞德的主张十分类似的理论，亦即存在着两种不同类别的案件。

（2）然而，对此还有另外一种更加可信的解释。那几段文字似乎想要表达这样一种观点，即对于那些特定的一般性法律规则——它们规定了某类案件中的任何一个案件应被如何处理——来说，始终仍然存在着一些特殊的事实情境，它们虽然**108**无可争议地归属于那一案件类别，但却不应依照那一法律规则来加以处理。这种解释已经被当代的理论家们作为对所谓疑难案件的解释而加以接受。

在许多疑难案件中，表明个别原告处境不利的一些特征[但是在私法中，这与"法律面前人人平等"（equality before the law）这一原则是不相干的]，会让人们对他/她产生同情，比如说，那位从银行家手里买回了已故丈夫向其允诺有价值但却分文不值的票据的寡妇；那位被发现从富有的铁路公司的公用线路深入河流水面的跳板上从事危险娱乐活动的城市穷小子；那位为了保护雇主免受伤害而致使自己终身残疾的贫穷体力劳动者；那位刚刚从战场归来急需为家人和自己安家的退伍老兵（他恰巧在周日签订了一份房屋购买合同*）。[20]

对于亚里士多德那几段文字的这种可能的解释，特别需要我们认真地来分析一下。

该理论最为棘手的特征主要是和下面的这个主张紧密相关的，该主张认为错误并不在于一般性的法律。亚里士多德似乎并不是要主张法律被不恰当地或不正确地制定了，换句话说，他似乎并不是主张立法者在立法过程中未能将某些本应考虑的因素考虑进来。他似乎也并未将自己的主张建立在这样的一个前提之上，即存在着一些边缘案件，在这些案件中进行分类将是十分困难的，并且因此总是有可能得出一个不公正的裁决结论，因为严格来说这种边缘案件并不归属于受规则所调整的那类案件。简而言之，问题既不在于立法之权能的不足，也不在

---

　　* 退伍老兵的例子是如何显示其不利的处境的呢？这里面或许有一个背景，在一些宗教国家比如美国，可能会规定"亵渎神圣的契约是无效的"，如此一来在周日所签订的契约就有可能是亵渎神圣的，并因此可能是无效的。在上面作者所举的例子中，一位刚刚从战场归来的老兵，自己和家人无家可归，如果再不赶快找到落脚的地方，家人们将风餐露宿、流落街头，不巧的是他恰恰在周日签署了那份购房合同，这个特定的时间点可能会导致那份合同无效，从而使其陷入一种不利的处境。——译者注

　　[20] Edwin Patterson, *Jurisprudence*: *Men and Ideas of the Law*. Brooklyn: The Foundation Press, Inc., 1953, p. 582.

于对法律规则的不正确的司法适用。相反，亚里士多德的那一主张似乎是说，不管我们惦记着制定出何种类别的法律，它都不可能充分地将所有相关的情形都考虑进来。

如果后面的这个解释是正确的话，那么那一理论令人困惑的地方就在于我们对此很难想象出一个实际的例子。比如说，通过适用某个特定的规则而获得"不公正的"结论，尽管我们对此可以想到成百上千个实例，但是我们仍然无法想出一个这样的单独实例，即它所确立的规则能够覆盖到眼前的案件以及所有与其属于同一类别的案件，并且以同样的方式在所有这些案件中都能够产生一个公正的结果。如果亚里士多德的意思仅仅是说，对于任何特定的一系列规则而言，当将它们适用于所有相关的实例中时，都有可能会导致一些不公正的结果的出现，那么如此一来那一命题就是无懈可击的。但是，如果亚里士多德还有别的意思，如果他认为对于规则的持续性修正仍然不能缓和问题，那么这一理论将会令人更加地难以理解。因为在理论上，它似乎总是有可能制定一个足以将所有可能导致"不公正"结果的情形排除在外的规则。得出同一观点的另一种方式在于，在理论上提出某个规则的例外仅仅只是引入了两个更加具有限制性的规则来取代原来的那个规则。

这儿我们不妨看一个"疑难案件"，这或许会帮助我们澄清一些问题。韦伯（那位忠诚的雇员）案，是非常典型的一个例子。[21] 事发时，韦伯正在史密斯公司锯木厂的一个高层楼面工作。他正在清扫废木材的表面。对此常规的和可接受的做法是，将这些木头降落至下面的地板上再进行处理。当韦伯正要将一块重达 75 磅的松木降落到下面时，忽然看到他的老板（詹姆斯·格里利·麦高因）正站在下面，如果将木块径直地降落下去势必会当场击中麦高因。为了防止麦高因受到严重的伤害，韦伯所唯一能够做的就是用他自己的身体去撞击木块从而改变木块降落的方向；并且只有他和那个木块一起坠地才能够做到这一点。而事实上他恰恰是这么做的。他虽然让麦高因避开了危险，但这却是以自己遭受到严重的伤害为代价。事实上，这严重地导致了他终身残疾。

可以理解，麦高因对此表示很感激，不久他便和韦伯达成了协议，允诺在韦伯以后的生活中每两周向其支付 15 美金作为生活补助，并以此感激其救命之恩。麦高因一直到死都在履行自己的这一承诺。在麦高因死后的三年中，他的遗产管理人又继续以同样的方式向韦伯支付生活补助，然而再往后就停止了支付，即便韦伯仍然还活着。当韦伯将遗产管理人起诉至法院要求其继续向自己支付生活补助时，一个难题便摆在了法官们的面前：存在着一个持续已久的规则，它规定当且仅当某个承诺的做出是为了换取已经得到了履行的服务或者将来所要履行的某些行为，它才对做出承诺的那个人产生约束力。换句话说，**110**

---

　　[21]　*Webb v. McGowin*，27 Ala. App. 82（1935）.

韦伯的那个救人行为并不是在麦高因的预先请求之下做出的，这一事实加上麦高因随后对韦伯刚刚所受伤害支付补助的承诺，仅仅构成了一个"过去的"（past）对价或道德上的（moral）对价，而这种对价是不能够通过诉讼来强制执行的。

让我们假定，韦伯应当能够申请强制执行麦高因的协议，并且如若不然的话他将受到不公正的对待。假定我们也会同意，将那个既存已久的规则适用于眼前的这个案件，将会产生一个不公正的裁决结果。即使承认这两个前提是正确的，仍然不能证明亚里士多德的那一观点就是正确的。如果拒绝承认该协议的法律效力是不公正的，那么为什么它不属于下面这类案件——我们能够为这种案件制定一个规则，并且如果将这一规则适用于所有这类案件中去都能够产生一个公正的裁决结果——中的一种呢？比如说，我们可能会引入下面的这样一种规则："一位从事正当操作的雇员无论何时发现能够合理地防止其雇主受到伤害的唯一办法就是伤害自己，并且得救的雇主随后向那位因此受伤的雇员做出了向其支付生活补助的承诺，那么该承诺是可以得到强制执行的。"从理论上讲，我们很难发现有什么东西能够要求我们得出下面的这样一个推论：如果将这个规则适用于某个特定类别的所有案件，那么必然将会产生一些不公正的结果。很快我们就会清楚地看到，在这种特定类别的规则中可能存在着一些内在的缺陷（weaknesses）；而且在实践而非理论上存在着困难。此处的问题仅仅是，原则上（in principle）并没有什么能够阻止将诸如韦伯案之类的情形视为一类明确情形中的一种。并且，如果能够将它视为一个类别或更多类别中的一种，那么再一次地，原则上并没有什么能够排除制定一个下述这种规则的可能性，即当把该规则适用于那一类别之下的所有案件中时都将会产生公正的结果。

与亚里士多德的那种理论相类似的观点是似是而非的，这或许部分地源自它对两个不同概念的混淆，亦即源自它未能区分被我称之为"法律的普遍性"（universality）与"法律的一般性"（generality）这两个概念。当我们说法律是或者应当是普遍性的时候，这仅仅是主张法律可以毫无例外地适用于包括在法律范围之内的某个类别之下的所有案件。论及法律的普遍性，实际上所指的就是法律的普遍适用的特征，即它使得法律能够适用于某个特定类别中的所有案件。从这个意义上说，对于"所有的法律都是普遍性的"这一命题的分析性真值（analytic truth），我们可以提出一个更加充分的理由。

法律的一般性与此是完全不同的。当我们论及法律的一般性时，实际上就是观察受法律所调整的那类案件在多大程度上有别于所有其他可能类别的案件。因此，法律的一般性所涉及的是被法律所指定或受法律所调整的那一特定类别的案件；而相比之下，法律的普遍性所涉及的是以何种方式将法律适用于某个类别中的所有案件。普遍性是法律的一个形式性特征，而一般性则是法律的一个实质性特征。

　　坚持这样一种区分，会让我们对亚里士多德的那一命题及其可能含义展开更加有意义的讨论。因为，很明显的一点是，它所提出的最为重要的问题主要是围绕规则的一般性而不是普遍性所展开的。所有的法律都应当是普遍性的，这一点似乎是很清楚的；而所有的法律都应具有特定的一般性，这一点则是远远不确定的。是什么决定了通常法律规则具有引人注目的一般性，对此存在着两种相互竞争的观点。

　　首先，如果所有的法律规则都具有绝对的一般性，也就是说，如果它们为所有那类案件中的每一个案件都规定了同样的结果，那么无疑将会产生大量的实质上不公正的结果。因为，正如上面所看到的那样，只有当法律的一般性得到了"收缩"（contracted）时，在每个案件中得到公正结果的机会才会增加。随着对受规则所调整的那类案件的成员资格（membership）增加更多的条件限制，也就越来越不可能出现"例外"情形。

　　其次，第二种观点主要是为了支持一个相反的假定，即法律规则应当"扩大"其一般性，它主张如果规则变得过于具体，那么它们作为规则的功用就会相应地减小。也就是说，尽管在韦伯案中所提出的那个规则可能已经足够"狭窄"了，以至于不会得到什么不正义的结果，同时这个规则也是如此地具体（specific）从而只能预测为数甚少的案件。这个问题与先前所提到的一个问题是完全类似的。规则之所以是有用的，在于它们能够使人们提前预测到某个法律结果。但是，如果某个规则只能适用于十分有限的几类案件，如果它只具有最低限度的一般性，那么对这一规则的认识就无法让我们对许多案件进行准确的预测。与此同时，一种最低限度的一般性要求——提前进行 **112** 预测是可能的——大量增加规则的数量（proliferation of rules）。因为，在这种情形下，每一个规则只能调整一小部分数量的案件，我们还需要更多的规则来调整所有的案件。于是，对于大量的规则之内容的了解和掌握，便成了对法律后果进行成功预测的先决条件。

从理论上来看，这一命题是站不住脚的。由于已经有了数量无限之多的规则，就没有理由拒绝通过诉诸规则来公正地裁决所有的案件。但是，作为一个实践问题，规则不能变得过于具体，只有这样它才能实现自身作为规则所能发挥的最为重要的功能。在不削减规则的相应功能的前提下无限制地增加规则的数量，这几乎是不可能的。由此，如果一个法律体系中的规则为了能恰当地发挥其作为规则的功能而具有足够的一般性，那么我们便有充分的理由认为它们不可能对受自身调整的所有案件的情形都给予充分的考虑。而至于后面的这个观点是否要求拒绝规则适用式的证成逻辑（rule-applying logic of justification），则是第七章所关心的问题。

在离开对最低限度的一般性这个问题的讨论之前，有一点我们还是需要提及一下。在众多的论者当中，帕特森的主张尤其值得注意，在他看来当前所争论的核心是"法律面前人人平等"的原则，但我们很难看到对这一原则的引入是如何澄清或解决问题的。因为，尽管这一原则在理论上无疑是值得赞许的，但是它在具体情境中的内容却少得惊人。主张人们在法律面前应当被平等地对待意味着什么呢？它是否意味着唯一正当的法律规则是那些能够不加区分地适用于所有人的规则吗？如果是这样的话，那么此种法律是如此的罕见，以至于变成了一种旷世奇物。因为，几乎任何法律——无论是明示的还是默示的——都对儿童、无行为能力者、梦游病者以及诸如此类的人设定了例外。此外，几乎所有的法律都进一步对各种主体进行了归类，通过明确描述法律适用之前所可能出现的各种条件从而使得他们能够被"平等地"对待。而且，这些条件也经常包括潜在的诉讼当事人的某些特征。比如说，通常对于一个善意的（good-faith）买受人存在着一种财产法规则，而对于知情的（with notice）买受人则存在着另一种财产法规则；对于外国人可能有一套宪法性保护规则，而对于本国居民则有另外一种宪法性保护规则。

另一方面，如果法律面前平等对待的原则对正当的法律施加了一种较弱的要求（weaker requirement）——这一要求在前面已经有所提及，也就是说法律作出区别对待应当基于正当的理由——那么以任何先验的方式诉诸这一原则是完全没有什么意义的。比如说，我们或许没有充分的理由去制定一个公开地认可以下内容的规则，即那类因救雇主而自己受伤的雇员，事后可以获得雇主出于感激而向其支付赔偿金的承诺。总的来说，或许这样一种"细致化"的归类是不可取的。但是，这种说法与仅仅主张无论何时只要做出这种归类就必然会违反"法律面前人人平等"的原则是完全不同的。除非某个人准备主张所有的归类——那些毫无例外地包含所有人的归类除外——在本质上都是不可取的，否则单单对"法律面前人人平等"这个原则的诉诸本身并不能构成一个对某些不那么具有包容性（less inclusive）之法的有力或令人信服的批评。必须要说明的并不是存在着一种更具有选择性的归类，而是在这种案件中做出此种归类为何是不可取的。

这并不意味着，那些基于种族、宗教、出生地等因素在人们之间作出区别对待的法律在大多数情形下是不应受到谴责的。这也不意味着，那些对"平等主体进行不平等对待"的法律不像以前那样令人憎恶了。但是，它意味着立法者始终有充分的理由在各主体之间作出某些区别对待。并且它的确意味着，与仅仅诉诸"法律面前人人平等"的原则相比，对作出区别对待所依赖的那些理由进行批评才是更合适的。一部法律在各主体之间作出区别对待的规定，仅仅这一事实并不能使得那个法律就成为一部恶法；而那种不适当地在各主体之间进行区别对待的法律，才会使得它自身成为一部恶法。正是基于后面的这种理由，我们才能够看到一部"恶"法究竟"恶"在什么地方。

非直觉性的衡平

就目前所讨论的内容来看，衡平程序已经被界定为一种坚**114** 持将正义的直觉作为以某种特定方式裁决案件的必要且充分理由。然而，应当很明显的一点是，那些坚持以衡平程序对抗先例程序的论者，并未将他们的建议仅仅限制在一种对于直觉性裁判的需求上。相反，有关论证衡平程序具有可欲性的大多数著作，都是在赞扬这样一种裁决程序——其中先例不被遵守并且直觉不发挥任何作用。由此，即便直觉作为一种裁决论证标准——无论是作为所有案件的论证标准，还是作为一些个别案件的论证标准——应当被拒绝，也仍然不能得出结论说其他一些形式的衡平性论证也因此必须被视为一种不能令人满意的论证标准而加以拒斥。在本章余下的部分，笔者将会简要地讨论一种非直觉性的衡平程序的特征；而在后面的几章中，我们还会对它做更加详细的评价。

正如我们所已经看到的那样，一种衡平论证程序的概念在很大程度上建立在如下这个观念的基础之上，即每个案件的特殊性或独特性都应当被明确地加以考虑，并且为了在特定的个案中实现正义应当赋予它们首要的地位和意义。为了达此目标，无疑至少存在着一种非直觉性的衡平裁决程序。这种非直觉性的衡平裁决程序要求法院应当集中精力关注一个特定案件的事实，在经过对所有事实进行了"理性的"深思熟虑之后，再按照为诉讼当事人双方主持正义的方式裁决案件。此处，裁决规则会指示我们：当且仅当某个裁决最大限度地考虑了法庭上诉讼双方当事人的利益，那么它才算得上是一个正当的裁决。某个裁决之所以被认为是正当的，并不是因为从直觉上判断它是公正的，也不是因为它与某些先例相一致。相反，它之所以是正当的，是因为对诉讼双方当事人来说，它所带来的结果比其他任何可能的裁决所产生的结果都更加地具有可欲性。当事人双方的利益是首位的；对他们来说，以某种方式裁决所带来的后果相比于以另一种方式裁决所产生的后果，仅仅与下面的这个问题相关，即什么样的裁决才能被视作是一个正当的裁决。如果法院持续地关注诉讼当事人是以何种方式受到各种可能裁决的影响的，并且如果法院以此来正当化其裁决的话，那么人们可能会说，与运用其他的论证程序相比，他们这么做会得到更加正当的裁决。由此，这种非直觉性的衡平裁决程序将具体 **115** 表现在下面的这种程序中，即法院仅仅基于"什么样的裁决对当事人双方来说是最好的"来正当化其裁决。

　　诸如此类的裁决过程，从表面上看具有很大的吸引力。它似乎并不会受到先前作为论证标准的直觉所遭受的那种批评。因为，在这种形式的衡平裁决程序之下，法官能够为以某种特定的方式裁决案件提供十分充分的、独立并且可以获得证实的理由。他能够说明自己做出这一裁决的方式，通过该方式所获得的裁决可以对当事人造成最小限度的反感，并能够为对立的双方带来最大限度的满足。他能够接受证据并分析那些主张——它们据此能够表明某个裁决较之于其他裁决是更加公正的。此外，这种衡平程序还能够避免许多潜藏于先例裁决程序中的缺陷。并且，法院不可能会受到先前那些裁决程序之错误的羁绊，法院可以摆脱这些传统的拘束。当案件出现的时候，它们能够成功地应付并自由地裁决每一个案件，仅此而已。因此，这无疑是一种值得我们认真研究的裁决程序。并且，它完全有可能成为许多衡平裁决的倡导者所一直默默地主张的那种程序。在接下来的研究中，我会把"衡平程序"的外延（denotation）做如下的限制：它仅仅意指这样一种程序，即规定了案件应当以那种能够为法庭上的当事人双方带来最佳结果的方式被裁决。我认为它是或者能够成为（can be）一种独特的非直觉性的裁决程序。

此时，有些人可能会提出反对意见说，尽管我们已经承认可能存在着一种非直觉性的衡平裁决程序，但讨论至此仍然没有完成。因为，这个反对意见可能会继续主张，仍然还存在着另外一个或许相关的主题，它几乎贯穿于所有关于衡平法的讨论中。它主要涉及诉诸道德规则或原则进行裁判（无论是裁判个别案件还是所有案件）的可欲性。根据这种观点，衡平裁决程序就变成这样了，即法院被指引明确地将道德原则或标准加以考虑，并且将这些道德规则而非法律规则作为特定裁决的论

证标准加以运用。由于道德规则无可争辩地能够像其他规则那 **116**
样被适用，所以这种程序也可以成为一种非直觉性的裁决程序。
此外，这一程序还可以是一种非先例裁决程序，原因在于它对
道德规则而非既存法律规则的诉诸构成了以某种特定方式裁决
案件的理由。

应当依照道德规则而非法律规则来裁决案件，这一主张无
疑在我们所援引的许多著作文献中都可以找到。然而，正如我
们经常所指出的那样，它的确切含义是含糊不清的。更具体地
说，在将其视为一种可能的、独立的裁决论证程序之前，我们
必须至少要解决两个问题。

首先，我们必须更加准确地描绘道德规则或道德标准在裁
决论证过程中所扮演的角色。道德原则和先例裁决程序中的法
律规则在以同样的方式发挥作用吗？如果是这样的话，它们将
被直接作为某个特定裁决的论证理由。或者说，相反它们是在
充当着一种评价特定法律规则的标准吗？如果是真的话，它们
就不是某个特定裁决的表面理由，而是裁决过程中使用某个特
定的法律规则的理由。

其次，我们必须对道德规则与法律规则或原则之间的区别
（如果它们之间有区别的话）做更加细致的检讨。它们之间是否
存在着一些形式性的差异？从而我们可能会说，任何一个规则
如果明确无疑地是道德规则，那么它就不可能同时又是一个法
律规则。或者，如果它明确无疑地是法律规则，那么它就不可

能同时又是一个道德规则。如果某个规则是一个道德规则，我们能否得出结论说它不可能和法律规则以同样的方式在裁决论证程序中发挥作用？如果在这些规则之间并不存在什么本质性的区别，那么主张案件应当诉诸道德规则而被裁判与提议诉诸"新的"或"可改变的"法律规则来论证裁决，这二者之间有什么不同吗？主张法院应当是"衡平性的"（equitable）与提议法院可以自由地改变既存的法律规则之间又有什么不同？只有当所有这些谜团都被解开了，我们才能够全面地理解这种非直**117** 觉性的衡平裁决程序。并且，一旦我们回答了所有的这些问题，就能证明（正如上面的那些问题本身所暗示的）这根本就不是一种什么独特的衡平裁决程序。

因为几乎所有关于衡平法的讨论都的确会提及依道德规则裁判，并且因为这反过来也会有其他一些方面的含义，接下来的一章，包含着对目前所讨论的这一主张的某种程度的偏离——尽管它并不是必要的。因为近年来，道德哲学家一直很关心某些问题——它们与刚刚所提出的那些问题的解决具有很重要的相关性。尤其是，他们苦苦探寻功利原则在对个别的道德行为或裁决的论证中扮演着何种角色。关于这一点所引发的争议以及学者们所提出的解决方案是意义深远的，因为他们提出了一种与道德规则或原则（比如说功利原则）在裁决论证程序中所扮演的角色的有益类比。

第六章

极端的和有限的功利主义

在过去的大约十五年间，道德哲学家投身于两种功利主义各自优劣的争论中。我们将其中一些论者称为"有限的功利主义者"，他们主张对作为一种道德哲学的功利主义的许多常规批评是误导性的，因为这些批评忽视了道德规则在一种功利主义的道德论证中所实际发挥或者应当发挥的作用。此外，我们将另外一些论者称为"极端的功利主义者"，他们主张如果与有限功利主义相伴而生的那些额外难题没有出现的话，那么许多对功利主义的常规批评将会得到更成功的解决。[1]

正如我们将要看到的，尽管有限的功利主义与极端的功利主义各自的优点经常被当作是拒绝对方的决定性理由，可是似

---

[1] 在这方面比较有名的文献包括：Jr. Stuart M Brown, "Utilitarianism and Moral Obligation," 61 *Philosophical Review* 299 (1952); H. J. McCloskey, "An Examination of Restricted Utilitarianism," 66 *Philosophical Review* 466 (1957); A. I. Melden, "Two Comments about Utilitarianism," 60 *Philosophical Review* 508 (1952); John Rawls, "Two Concepts of Rules," 64 *Philosophical Review* 3 (1956); P. H. Nowell – Smith, *Ethics*. Harmondsworth, Middlesex: Penguin Books, 1954; J. J. C. Smart, "Extreme and Restricted Utilitarianism," 6 *Philosophical Quarterly* 344 (1956); 以及 Stephen Toulmin, *The Place of Reason in Ethics*. Cambridge, England: Cambridge University Press, 1953。

乎在它们二者之间并不存在任何形式性的分歧（formal points of disagreement）。不过，它们之间可能存在着一些实践性的差异。对这一争议的性质进行研究，将有助于我们引入对许多问题的介绍和讨论，其中包括功利原则及其附属规则（subsidiary rules）在法律论证过程中所应发挥的作用问题。除了以上这一事实之外，还有另外两点理由要求我们去考虑最近的这场哲学争论。第一点理由是，有限的功利主义者几乎无一例外地将法律裁决过程的性质视为一种十分类似于道德论证模式的存在。[2] 事实上，他们主张道德裁决应当像法律裁决那样以同样的方式得到证成；此外，法律体系的确也运用了一种在本质上属于有限的功利主义的论证逻辑。有限的功利主义者对于法律裁决之性质的理解是否正确？对这个问题的讨论并不在我的研究范围之列。但是，有限的功利主义者向我们直接提出了这样一个问题，即一种类似于他们所主张的道德论证模式的法律论证程序对于法院来说是否是可欲的？很显然，对这个问题的考虑无疑是与本研究直接相关的。有限的功利主义者可能错误地认为法律是道德的一个良好例证；但是，他们含蓄地主张有限的功利主义提供了一个法律论证所应采纳的卓有成效的模式，在这一点上他

---

〔2〕 比如，参见 P. H. Nowell - Smith, *Ethics*. Harmondsworth, Middlesex: Penguin Books, 1954, pp. 236-237; Richard B. Brandt, *Ethical Theory*. Englewood Cliffs, New Jersey: Prentice-Hall, 1959, p. 397; 以及参见 John Rawls, "Two Concepts of Rules," 64 *Philosophical Review* 3 (1956), 4-13。

们可能是正确的。[3]

考虑这两种道德理论之间争议的第二点理由，在于道德哲学家想要十分全面地探究这些道德论证程序的性质及含义。如果类似的法律裁决程序值得研究，那么这些哲学家的许多观察在法律语境和道德语境中是一样有益的。

有限的与极端的功利主义

我们可以很简单地描绘有限的道德论证程序。如果假定道德的"功用"在于鼓励那些能够带来最大快乐或最小痛苦的行为，那么最高阶（highest-order）的伦理规则将是一些对于这一功利原则的具体阐释。根据一种有限的功利主义理论，这一功利原则就是用以评价或正当化特定道德规则的标准。但是，（除了在一些与此处并不相关的特殊情形中）它并不是用以判定某个特定的行为公正与否的标准，原因是在这些情形中唯一相关的标准是某个特定的道德规则。由此，具体的行为是通过诉诸道德规则而被正当化的，同时道德规则又是通过诉诸功利原则而被正当化的。

---

　〔3〕　即便没有提出"功利主义（无论是有限的还是极端的）是否是一种可欲的道德哲学"这个问题，我们仍然还是可以这么说。

在约翰·奥斯丁*的《法理学的范围》一书的第二讲中，我们可以发现一种对有限功利主义的最精美的解释，尽管这部著作已有很多年头，也尽管作者是一位法律学者而非道德哲学家。一种批评认为功利主义存在于这样一种观点之中，即"如果我们根据一般功利原则来调整自身的行为，那么我们的行为将始终取决于一种对该原则即刻的或直接的诉诸"，为了回应这一反对意见，奥斯丁在他的著作中提出了以下主张：

> 因为，我们的行为要符合一些规则——它们是从人类行为趋向中推论出来的，而不是通过直觉诉诸一般功利原则而做出的。功利可能是我们行为的终极性标准，但却不是直接性标准。功利是我们的行为所要服从的那一规则的直接性标准，但却不是具体行为或个别行为的直接性标准。我们的规则，是以功利为标准的；而我们的行为，是以规则为准则的。
>
> 如果我们试图检验某个具体或个别行为的趋向，我们就不能仅仅盯着这个行为不放，好像它是孤立的和与世隔绝的，同时还要关注它所属的那一整类行为。我们必须假定，这类行为已经被普遍地完成或疏忽了，并且考虑这对普遍的幸福或福祉

---

* 约翰·奥斯丁（John Austin，1790—1859），英国法学家，"现代英国法理学之父"，法律实证主义创始人之一。早年从事律师职业，1826 年被任命为伦敦大学第一任法理学教授；曾于 1828—1832 年、1834 年在伦敦大学和英国法学协会会所开设法理学系列讲座。其代表著作《法理学的范围》（1832、1863）和《法学讲义》（1863）均根据讲座内容整理而成。——译者注

会产生什么样的可能影响。

我们必须推测，如果人们普遍地从事了这类行为，那么将会带来什么样的后果；以及如果人们普遍地疏忽了这类行为，又有可能会产生什么样的后果。然后，我们必须从正反两个方面比较这些后果的积极意义和消极意义，从而在权衡二者孰轻孰重的基础上做出我们的决定。

如果积极意义占优势，那么这个行为的趋向就是善的，或者（用一个较为宽泛但又十分类似的表述来说）普遍的福祉要求那类行为必须被践行；反过来说，如果消极意义占上风，这个行为的趋向就是恶的，或者（用一个较为宽泛但又十分类似的表述来说）普遍的福祉要求那类行为必须被禁止。

简而言之，如果我们真正想要检验某个具体或个别行为的趋向，我们就要检验它所属的那整类行为的趋向。我们对于那个个别行为所得出的特定结论，也就暗含了一个包含所有类似行为的一般性结论。[4]

---

〔4〕 John Austin, *The Province of Jurisprudence Determined*. New York：The Noonday Press，1954，pp. 47-48. 在一些更早的功利主义哲学家那里我们可以找到支持本质上属于有限功利主义立场的论据，注意到这一点是有历史性价值的。比如说，霍布斯明确地提出了一个进入市民社会的有限功利主义理由。另外，休谟在对财产制度的论证中也提出了类似的观点。参见 Thomas Hobbes, *Leviathan*. Ed. Michael Oakeshott. Oxford：Basil Blackwell，1957，Chap. XV；David Hume，*A Treatise of Human Nature*. Selby-Bigge ed. Oxford：Clarendon Press，1888，1958，BK. III，Part II，53。也可以参见 J. O. Urmson，"The Interpretation of the Philosophy of J. S. Mill，" 3 *Philosophical Quarterly* 33（1953）。

　　用一个更现代的哲学上的习惯用语来说，有限的功利主义理论是一种关于两种不同道德理由的理论。存在着一些与对个体行为（individual actions）进行批判或证立相关的理由，也存在着一些与社会实践及规则相关的理由。如果想要正确地理解道德推理，就必须认识到以下这一点，即某些理由对于一个事物来说可能是合适的，而对于另外一个事物来说则并不必然是合适的。

121　　苏格拉底在等待毒酒时，他在个体行为的"理由"与社会实践的"理由"之间也作出了这一区分：他早已做好了赴死的准备，而并不想侥幸逃脱——当一个逃生的机会摆在面前时，他毅然拒绝越狱并接受行刑。作为一个雅典公民，在他看来，尊重对他的控诉和接受法庭的审判是自己的义务（不管在这个特定的案件中可能会为自己带来什么样的实际后果）。如果从监狱中逃跑了，则无疑是对这一义务的忽视。如果真的逃跑了，这将不仅仅质疑了那一控诉的正义性，而且也将雅典宪法和道德法典整体性地给抛弃了。但他并不准备这么做。[5]

　　我们也可以同样简明扼要地阐述极端的功利主义。根据这种理论，当且仅当某个行为的特定后果基于功利的理由被认为

〔5〕　Stephen Toulmin, *The Place of Reason in Ethics*. Cambridge, England: Cambridge University Press, 1953, p. 151.

是正当的，那么这个特定的道德行为或决定才是正当的。它声称，不允许直接诉诸功利原则会使人们面临这样一种风险，即某个特定行为可能被证明为与功利原则的要求背道而驰，一旦我们认识到了这一点，那么与有限的功利主义相比，极端的功利主义的可欲性就变得很明显了。这并不是主张，在许多情形中不存在充分的理由将功利规则视为恰当的经验规则（rules of thumb）。比如说，极端的功利主义者承认，在很多时候我们来不及去计算某个特定行为的后果影响到底有多大。类似地，极端的功利主义者可能也认识到"在涉及自身利益的某些特定情形中，他的计算很可能会偏袒自己……（在这类情形中）如果他不将这一情形看作是极端功利主义的一种，而是依靠常识意义上的道德，那么或许他还能得出一个正确的极端功利主义的结论"。[6]但是，承认了这一切，有人可能会说，

假定如果我们已经计算出了后果，如果我们怀着完美的信念来不偏不倚地计算，如果我们知道在眼下这一情形中违反（规则）R要比遵守它能够获得更好的结果，那么我们仍然应当服从规则，这难道不荒谬吗？当违反规则可以阻止（比如说）一些可以避免的痛苦时，如果仍然执意遵守这一规则，这难道

---

〔6〕　J. J. C. Smart, "Extreme and Restricted Utilitarianism," 6 *Philosophical Quarterly* 344（1956），347.

不是将规则奉为一种偶像而加以崇拜吗?[7]

据称,这两种功利主义之间的差异,最显著地出现在信守承诺(promise keeping)的情形中。让我们假定,有个人将他的枪交给我保管,并且我也承诺当他管我要枪的时候我会原物奉还。此外,我们进一步假定,在进行了数次关于自杀的讨论之后,他怀着一种特别沮丧的心情来找我,并且要求我应当信守承诺立即把枪还给他。有人可能会说,在这种情况下我作为一个极端的功利主义者有正当的理由违背原先的那一承诺,因为从长远来看违背诺言比兑现诺言以及容许一个几乎肯定会自杀的行为所产生的危害要小得多。但是作为一个有限的功利主义者,我大概只能信守诺言把枪还给他,因为我曾经对此许下过诺言,而且也因为"应当信守诺言"这一规则的正当性也明显地建立于功利主义理由的基础之上。

根据对这两种道德论证程序的描述,也就不难看出两种相应的法律论证程序所可能采取的形式了。与有限的功利主义类似的那个程序,是一种法律论证的**"二阶"**(**two-level**)逻辑。通过对一种二阶逻辑的运用,在某个特定的案件中法院可以通过诉诸一些法律规则来正当化其裁决。换句话说,法律规则将构成做出特定裁决的唯一正当理由。但是,被用以证成特定裁

---

〔7〕 *Ibid.*, pp. 348-349.

决的法律规则本身需要根据功利主义的理由而被证成。由此，与先例论证模式相反，即便是已经找到并且适用了相关的法律规则，这一论证过程仍然没有到此结束。相反，当且仅当某个法律规则自身基于功利主义的理由被证成是正当的，那么它才能够成为一个特定裁决的有效理由。此外，这一论证程序与衡平模式也不太一样，因为法律规则在裁决论证过程中的确发挥着作用。对于正义或者功利的考量也是有意义的，但这仅仅是对法律规则的评价而不是对某个特定案件的裁决结果而言的。

还有一种法律论证程序几乎与极端的功利主义相差无几，其中法院通过直接诉诸功利原则来正当化其特定裁决。在许多案件中，法院也可能会诉诸法律规则。但是在每一个案件中，法院可以自由地权衡将规则适用于特定的事实情境所带来的后果是否弊大于利。并且在每一个案件中，某个裁决充分且必要**123**的理由在于法院发现从长远来看这种以功利主义理由为基础的裁决要比其他任何裁决都更加正当。由此，与先例裁决模式形成鲜明的对照，诉诸法律规则并不是这种裁决程序的必要条件。而与非直觉性的衡平程序的不同之处在于，最大限度地满足诉讼当事人双方的利益并不是它的充分条件。

对于那些将法律规则视为任何法律体系的重要组成部分的论者而言，对一种类似于有限功利主义——也就是一种二阶证成程序——的呼吁无疑响应了他们的想法。与此同时，另外一些论者感觉到诉诸法律规则往往会阻碍我们得出一个理应获得的结论，而对他们来说极端功利主义论证程序的结构可能具有更直接的吸引力。但是，正如前面所已经指出的，这两种程序（既可以是指道德论证程序也可以是指法律论证程序）之间是否存在一些重要的区别，仍然是一个尚未得到回答的问题。在直接回应这个问题之前，有必要先来考虑一下已经或能够提出的用以支持有限功利主义论证程序的各种理由。因为，如果这两种程序之间并没有什么差异的话，那么其中一个的存在理由对另一个也同样具有说服力。而如果极端的功利主义与有限的功利主义之间存在差别，那么它们各自的存在理由都能够帮助我们清楚地审视它们二者究竟在哪些地方存在着差异。

有限功利主义的存在理由

有限功利主义的倡导者已经提出了各种各样的例子（类似于前面所提到的苏格拉底之死的例子），用来说明该理论在许多情境下所赖以运作的方式。但是，一种对于"道德推理"或证成逻辑之运作方式的理解，仅仅是我们考虑一些关键性问题——比如说，这一证成逻辑是否可欲——的预备而已。事实上，如果一种类似于有限功利主义的理论由于陈述了一种可欲的法律论证程序而被提出来，那么就有必要认真地探讨下那一伦理程序的存在理由。不幸的是，当代的道德理论家对于这一问题并没有提出什么有益的观点。尽管存在着大量的例子可以用来说明游戏是怎么玩的，说明道路交通规则是如何建立的，以及说明假设性的道德论证通常是如何进行的，而相对来说只有极少数的例子尝试去证明下面这一点，即将这一逻辑作为一种对道德行为进行评价的程序加以运用。为了捍卫有限的功利主义，学者们至少提出了三种不同的论证。然而，它们无论是作为一种对道德的有限功利主义还是对类似的法律论证程序的证成，对我来说都只有一种才具有根本性的说服力。*

基于实践的论证

基于实践的论证认为，我们必须观察人们对道德问题进行推论的方式，我们也必须要研究道德论证的本质。当我们开启这样一种探究时，便会发现在某个行动规则既清楚又适当的情形中，做出该行为的唯一正当理由在于规则或实践要求我们如此行为。大多数人通过诉诸相关的道德规则对其道德行为进行

---

*　然而，平心而论，有一点必须要指出的是，许多有限功利主义的倡导者可能并未努力对有限功利主义作为一种道德论证程序进行论证。相反，他们只是尝试着分析某些十分典型的道德论证。如果是这样的话，他们就没有将这种意图十分清晰地表露出来。更为重要的是，至少一些道德哲学家表面上相信，除非道德论证被看作是采纳了一种有限功利主义的模式，否则它将不会产生任何意义。这种观点无疑是一种对有限功利主义的默示的论证。此外，我所唯一关心的问题是，对于法院来说一种有限功利主义形式的论证是否是一个值得采纳的程序。由此，尽管我这样对待一些道德哲学家对有限功利主义所持的观点可能有失公允，但是我仍然会将他们的评论作为那种直接讨论了"有限功利主义本身是否是一个可欲的程序"这个问题的观点来对待。

正当性辩护："除了将处于争论中的行为与可接受的社会实践关联起来之外，我们再也提不出什么比它更具有一般性的'理由'了。"〔8〕 如果人们对实践的正当性表示怀疑，那么才有可能将另一种不同的理由——也就是，它们能够基于功利主义的理由为实践本身提供正当性辩护——看作是恰当的。正如通常所表现的那样，"质疑某个特定行为的正当性是一回事；而质疑实践本身的正当性则是另外一回事"，而这完全是道德推理的本质。

125　　另一位道德哲学家，诺埃尔·史密斯＊对此是这么说的：

　　　　为了理解功利主义，因此我们必须将下面两类问题区分开：第一类问题，是关于采纳、维持或者废止某个规则的理由问题，而第二类问题则是有关服从规则的义务问题。在大多数常人看来，在特定的情形下服从规则的义务并不像功利主义者所一直设想的那样，立基于从长远或短期来看服从它能够带来有益的后果。但是，采纳某个规则的理由也很可能是功利主义者所主张的那种。由于这是一种道德判断，因此我们当然不可能证明它们就是唯一充分的理由。但是，如果没有和另一个不同的道德判断——仅仅当服从某个规则所带来的后果可能是有利的，

---

　　〔8〕 Stephen Toulmin, *The Place of Reason in Ethics*. Cambridge, England：Cambridge University Press, 1953, p. 146.

　　＊ 诺埃尔·史密斯（P. H. Nowell-Smith, 1914—2006），曾执教于牛津大学哲学系，功利主义学说的重要倡导者之一，代表作有《伦理学》（1954）一书。——译者注

我们才会服从这个规则——相混淆的话，这是一个大多数人都更加倾向于认可的道德判断。[9]

到目前为止，令人信服的一点是，该论证完全是无懈可击的。这也很可能是一个准确的事实报告，揭示了一些人甚至许多人是通过何种方式正当化其道德决定的。就我们的研究目的而言，并没有必要去讨论下面的这个问题，即这是否是一个对普通道德论证的准确性描述（顺便补充一下，尽管我并不认为它是一个完全准确的描述）。因为，即便我们承认这种论证逻辑是普通道德论证的典型，也绝不可能得出如下结论，即主张道德决定应当根据有限功利主义的理由而被证成。基于实践的论证给有限功利主义的倡导者当头棒喝，指责他们混淆了一种建立在"碰巧什么是正确的"这一基础之上的论证与一种基于"应当接受什么"的论证。正是出于这个原因，至少使得有限功利主义的一个批评者斯马特*驳斥了下面这种平淡无奇的进路，"它有时候将自己描述成'是在探究共同的道德意识中隐含着什么'，有时候又将自己表述成'是在研究人们在日常生活中如何

---

[9] P. H. Nowell - Smith, *Ethics*. Harmondsworth, Middlesex: Penguin Books, 1954, p. 239.

* 斯马特（J. J. C. Smart, 1920—2012），著名哲学家，先后执教于英国牛津大学、澳大利亚阿德莱德大学。他涉猎领域十分广泛，包括形而上学、科学哲学、心灵哲学、宗教哲学和政治哲学等。就道德哲学而言，他是功利主义的一个强劲的倡导者。更具体一点说，他所捍卫的是一种极端的功利主义或者行动的功利主义，反对有限的功利主义或规则功利主义。——译者注

讨论道德'"。他认为，由于人们只要"阅读关于死刑的新闻报道，便能够意识到共同的道德意识部分地是由迷信的要素、不道德的要素以及逻辑上混乱的要素所构成的"。正如图尔敏和诺埃尔·史密斯那样，主张人类应当以这种有限功利主义的方式进行推理，这能够证成什么呢？仅仅不过是证成了"普通人很可能对此陷入了困惑"。[10] 这一反对意见似乎是完全合理的。

基于语言学的论证

126　　另一种论证与基于实践的论证紧密相关，它将对有限功利主义推理的论证建立在语言学的基础之上。此处，问题的关键并不在于某些人以一种有限功利主义的方式推理。相反，它主张这是道德命题或道德判断能够产生意义的唯一方式。比如说，图尔敏似乎将他对有限功利主义的接受部分地建立在下面的这个命题之上，即能够清楚易懂或有意义地回答"为什么我应当做×"这个问题的唯一方式是诉诸适当的规则或实践。

　　假定我说："我认为我应当带走这本书，并将它返还给琼斯。"（这样把我内心的想法讲出来）你可能会问："你真的应该这么做吗？"（这个问题就被转换成了一个道德问题）能够提

---

〔10〕　J. J. C. Smart, "Extreme and Restricted Utilitarianism," 6 *Philosophical Quarterly* 344（1956），p. 346.

出什么样的"理由"完全取决于我自己，如果我真的能够提出什么理由的话。那么接下来，我首先可能会说我之所以应当将书带给琼斯，"是因为我之前许诺过要在中午之前将书交到他手里。"……但是你可能还那样继续追问："你真的应该这么做吗？"如果你真的那么问了，（我可以这样回应）……"我应该这么做，因为我许诺要把书还给他。"……如果你还要再继续追问："但是你为什么应当那么做呢？"……我可以回答说……"因为这是一个承诺"。然而，除此之外提问就不能再继续进行下去了，因为：除了将处于争论中的行为与可接受的社会实践关联起来之外，我们再也提不出什么比它更具有一般性的"理由"了。[11]

约翰·罗尔斯采取了一种类似的立场，他主张规则形塑实践。也就是说，只有根据形塑了信守诺言这一实践的规则，我们才能够理解某个特定的行为（比方说还书）。基于这个理由，他断言，我们可以得出下面的结论：

参与到某个实践中，或者实施由实践所界定的行为，意味着要遵守恰当的规则……如果某个人所考虑实施的行为是由某种实践所规定的，那么他再问这个实践或规则能否正确地适用

[11] Stephen Toulmin, *The Place of Reason in Ethics*. Cambridge, England: Cambridge University Press, 1953, p. 146.

于他自己的情形，这是没有意义的。[12]

基于语言学的论证可以在以下两个方面发挥作用。首先，它的引入可以确立这样一个事实，许多命题只有在特定的语境——它们涉及各种各样的情形——之下才有意义。比如说，**127** 通过诉诸"道德裁决应当基于有限功利主义的理由而被证成"这个命题去证成某个特定的道德裁决，这是没有意义的。"我为什么应当把书归还给史密斯？"仅仅回应说："你之所以应当将书归还，是因为所有的道德决定都应当通过诉诸一种有限功利主义的逻辑而被证成。"这似乎是令人难以理解的。

其次，我们也完全可以理解，"人们应当始终恪守自己的承诺"这一道德原则并不是决定帮助贫穷陌生人的一个有意义的理由（当然，要假定作出那一决定的人先前未曾承诺过要帮助贫穷的陌生人）。

如果基于语言学的论证仅仅是想说明以上的任何一点或两点，那么这是显而易见的而且也并不会招致什么反对。但是，在有限功利主义逻辑的倡导者的掌控之下，基于语言学论证的引入则完全是出于另一个目的。尤其是，当被用以支持一种有限功利主义的推理模式时，论者们认为基于语言学的论证是在主张功利原则只能被清楚易懂地当作是规则的一个论证理由；

〔12〕 John Rawls, "Two Concepts of Rules," 64 *Philosophical Review* 3（1956），26 -27.

它认为，试图直接诉诸功利的理由来证成某个特定的道德决定，毫不夸张地说是没有什么意义的。然而，下面的这一点绝不是显而易见的，即只有在一种对规则进行论证（rule justification）的语境下，才能清楚易懂地直接诉诸功利原则。

　　通过对功利原则的改述（rephrase），当然可以使那个问题变得无关紧要。如果我们将功利原则改述如下："道德规则应当将冲突降低到最小并且将快乐之事增加到最大限度。"那么基于语言学的论证将会十分具有说服力。同样正确的一点是，单单道德规则而非特定的道德决定才能够基于功利主义的理由被证成。之所以如此，完全是因为通过这种方式功利原则现在被解释为仅仅只和道德规则相关。但是，此处犯了一个用未经证实的假定进行辩论（beg the question，亦即"乞题"——译者注）的谬误。正如通常被陈述的那样，功利原则并不仅仅明确地局限于由道德规则所产生的快乐和不满。它还暗含着这样一层意思，即认为所有道德评价的标准存在于一种对于作为结果的幸福或者痛苦的计算中。有限功利主义者明显是在力求说明一种 **128** 有限功利主义的论证逻辑能够最好地实现这一目标。如果不使用未经证实的假定来辩论，他们就无法仅仅通过以下方式来说明这一点，即要么主张直接将功利原则应用于特定的道德行为是没有意义的，要么主张——结果都是一样的——通过改述功利原则以便公开地拒绝将其适用于特定的道德行为。这恰恰是他们想要获得的结论，而并不是帮助他们达致这一结论的论证。

当我们将对功利的诉诸作为某个特定行为的理由时，它看起来的确是完全可以理解的。这一主张无非是对已说之话的重新陈述而已。比如说，如果功利原则仅仅声明"人们应当按照能将冲突降低到最小并且将快乐之事增加到最大限度的方式行事"，那么质问一些特定的道德行为事实上是否将冲突降低到了最小并将快乐之事增加到了最大才似乎有意义。如果某人宣布他计划将自己所有的积蓄拿出来捐赠给联合国儿童基金会（United Nations Children's Fund），理由是综合考虑之下他相信这是能够让那些钱带来最大幸福的唯一方式，他将对功利原则的诉诸作为其捐赠行为的理由无疑是可以理解的。然而，基于语言学的论证恰恰将这种对功利原则的诉诸看作是没有意义的。

就此而言，需要再次强调一下的是，许多为有限功利主义提供上述那种辩护的论者可能给出了一个十分薄弱的论证。他们很可能并不主张对功利原则的直接诉诸是莫名其妙的，而只是认为在许多情形中单单就对一些道德规则或实践的诉诸本身来说是很好理解的——它的确构成了以某种方式行为的一个充分理由。也就是说，它可能只是主张如果（比方说）某个人许诺要去做某些事情，那么许诺这一事实本身就成了恪守诺言的一个充分理由，除此之外再也不需要其他的什么理由。此处所可能涉及的是这样一种主张，它认为由于所讨论的那一行为根据某些已被接受的道德规则是正当的，这一事实便产生了某种初显义务，或者存在着某种初显理由（*prima facie* justification）。

我认为，作为一种对诸如信守承诺现象或者其他道德实践 **129** 的分析，这种分析或许是正确的。对于那些想要论证其行为——该行为与已被接受的道德规则并不一致——的人来说，将"证明责任"分配给他们再合适不过了。但是，即便承认这一点，以下问题仍然悬而未决，即什么将会使得该初显义务变成一种绝对的义务。并且在这里，如果我们理解了有限功利主义的话，那么答案可能是这样的：倘若我们所讨论的"人们应当始终信守承诺"这一道德规则本身根据功利性的理由是正当的，那么一项初显义务，比如说信守承诺，就将会变成一种绝对的义务。由此，单单某个人许诺做某事这一事实本身就是他那样行动的一个充分理由；并且，"人们应当始终信守承诺"的道德规则是一个好规则，这一事实也使得那个原初理由变成了一个具有最终决定性的理由。在我们展开对有限功利主义的第三种存在理由进行分析之前，应当更加全面细致地探究有限功利主义论证逻辑的这个面向。

然而，似乎还存在着另外一种形式的语言学的论证，对于法律裁决程序而言它似乎拥有独特的意义。有人主张，如果将所谓的"法官难题"与"立法者难题"区分开来，那么功利主义将会产生更大的意义。

法官的义务在于根据法律做出裁定和判决；并且，"他应当做出什么样的裁定和判决呢？"这一问题仅仅取决于"法律对这一犯罪行为科处了什么样的刑罚"。作为法官，他对于自己判决的结果并不关心，无论结果是有益的还是有害的均是如此……

但是，立法者的义务则是完全不同的。他并不决定某个特定的法律适用是否是公正的，而只决定应当采纳什么样的法律以及对于违反每一条法律的行为应当设定什么样的处罚……因为，如果我们将立法者的问题解释为通过追问"法律对这种情形是怎么规定的"就能够获得解决，我们要么将陷入一种无限循环，由于法律层级性的存在使得正义取决于对一个更高层级之法的诉诸，要么被迫要求运用直觉深入地了解那些不证自明的公理化之法（axiomatic laws），它们能够为所有下位阶的法律提供正当性理由。[13]

130　　我并不认为这种论述有什么特别的错误之处，但是也很难察觉它们在为有限功利主义提供充分的辩护方面能够起到多大的作用。假定（事实显然并不是这样的）在决定某个法律是什么意思或者是否可以将其适用于某个特定的案件方面并不存在什么难题，那么这仅仅只表明法官难题事实上是一个微不足道的问题。所有有意思的和重要的问题都是立法者难题。如果这是法官难题的话，那么他在任何案件中都不难回答那一问题；事实上，我们很难理解为什么还需要法官。此外，作为道德论

---

〔13〕　P. H. Nowell - Smith, *Ethics*. Harmondsworth, Middlesex: Penguin Books, 1954, pp. 236-237.

证的一个类比，这个例子仅仅说明人们应当始终去追问立法者难题。人们应当始终追问"何种规则对于那类案件来说是一个最好的规则？"。如果那个类比指出与法官难题相类似的一个问题是道德难题，如果那个类比主张某个行为由于符合一些既存的道德规则因而在道德上是公正的，那么它似乎是不正确的。由于在道德领域同一个主体既应当是法官又应当是立法者，又由于某个人应当要问既存的道德规则是否是一个良善的规则，因此我并不理解对这两个问题（意指"法官难题"与"立法者难题"——译者注）的区分如何能够有助于对有限功利主义的辩护。

　　就此而言，稳妥起见有必要补充一点，正是出于这种理由我才决定讨论那种在其中法官既用法也造法的法律体系。我并不认为一旦存在着成文的法律规则，法官的任务就不再是有趣的了。但是，我的确认为以下这个问题至少是可以争论的，即主张在这些案件中法官的功能在本质上是不同的。无疑可以在某种程度上说，我所讨论的关于案件应当如何裁判的许多东西更加适用于立法机关而不是依法享有管辖权的法院。但是，正像如此之多的法哲学家所注意到的，如果法官能够而且应当创造法律，并且也像更多的法哲学家所注意到的，如果求助于普通法就是一种对于法官在过去所造之法的诉诸，那么我们就很难理解"立法者难题"为何就不能也是"法官难题"。除非存在一些要求我们始终遵循先例的决定性理由，除非从不存在无 **131**

法被一个先在的法律规则所覆盖的案件，以及除非存在决定性的理由永不改变某个既已做出的成文法解释，否则法官创造法律和适用法律的方式才会提出有意义的和困难的问题。而我们眼前的这项研究正是要着力解决这些问题。

基于功利的论证

与先前的两种论证形成鲜明的对照，第三种对有限功利主义的辩护理由自身是建立在功利主义基础上的。如果我没理解错的话，约翰·罗尔斯在其前面我们所提及的那篇文章中就运用了这种论证。

罗尔斯认为，存在着一些功利主义的理由，它们能够为下面这个论证方案（scheme of justification）提供正当性证成，即对相关规则的诉诸构成了某个特定行为的唯一有效理由。他主张，许多实践的核心可能恰恰在于：

使人们放弃根据功利主义和审慎的理由（prudential considerations）来行动的权利，以便使得未来的行动可以受到约束，同时也能够使未来的计划提前得到协调。在一种通过诉诸功利主义原则而获得辩护的实践中，否定许诺者可以普遍性地诉诸功利主义原则来为其行为辩护，这具有明显的功利主义的优点。

确立实践的理由是各种各样的，但其中之一在于：在行动的诸多领域当中，如果每个人都要逐一地根据功利主义理由来决定其应如何行动，那么势必会带来诸多混乱，并且试图通过预测他人将如何行动来调整自己的行为，这注定要以失败告终。[14]

由此，如果我的理解没错的话，那么罗尔斯的那个观点的要义就是：存在着一些基于功利主义的论证，它们将支持下面的这样一个命题，即人们不应当通过直接诉诸功利主义因素来证成特定的道德决定。换句话说，可能存在着一种支持道德裁决程序的功利主义理由，而其自身并不将对功利原则的直接诉诸视为做出某种特定决定的理由。由此可以说，当我们将极端的功利主义与有限的功利主义各自的优劣相互对照时便会发现，如果有限的功利主义能够获得一贯的运用，那么与任何其他可能的论证程序相比，它将会产生更多数量的特定决定——它们 **132** 自身基于功利主义理由被认为是正当的。该论证的核心要义在于，如果它一贯地坚持一种有限的功利主义，那么将能获得一个更多数量的、自身基于功利主义理由被认为是正当的特定结果，而这令其他各种形式的论证程序望尘莫及。

倘若我们密切关注有限的功利主义论证方法的要件，便会发现这种论证具有很大的说服力和合理性。因为现在我们所面

---

〔14〕　John Rawls, "Two Concepts of Rules," 64 *Philosophical Review* 3（1956），16, 24.

临的问题纯粹是一种经验性的问题，比如说：哪一种论证程序将会产生最大数量的可欲后果？如果某个人一以贯之地坚持一种极端的功利主义的立场，那么与一个彻头彻尾的有限功利主义者相比，到最后他能够做出更多的善举吗？或者反过来说正确吗？另外，一个有时是有限功利主义者而有时又是极端功利主义者的人又如何呢？

成为一个有限功利主义者与成为一个极端功利主义者之间是否存在着真正的区别？如果我们能够直面这个问题，那么就能够最好地回答前述那些问题。

审慎的功利主义者与冒失的功利主义者

请认真考虑有限功利主义论证方案的"第二阶"（second level）——它坚持认为，当且仅当某个特定的规则或实践本身根据功利原则来看是正当的，那么对该规则或实践的诉诸才被认为是正当的。

一般而言，有限功利主义者几乎没有注意到有限功利主义的这一部分的内容。此外，由于未能准确地详细说明在他们看来什么内容是这一论证的第二阶所必需的，结果问题就产生了。根据这一命题，特定决定所诉诸的那一规则或实践本身必须基于功利主义的理由获得其正当性。但是，这到底意味着什么呢？比如说，这是否意味着如果我们将眼下所讨论的那个规则适用于所有相关的情形中，将会比与同一个事项相关的其他任何某个或某组规则能产生更加公正的结果？或者说，它是不是仅仅要求那一规则不应当是明显的不正当的？请考虑一下恪守承诺的情形。每个人可能都会同意，在某种意义上"应该始终信守承诺"这一规则事实上基于功利主义的理由本身是正当的，也就是说它在某种意义上无疑要比"永远不要信守承诺"这一规则更加公正，或者可能要比"当对你不利时请不要信守承诺"来得更加公正。而当大多数有限功利主义者声称人们应当信守自己的诺言时，他们头脑中所想到的正是这样一种对比，因为在他们看来"应当始终信守承诺"这个规则的正当性是建立在功利主义理由基础之上的。然而，并不能仅仅因为"应始终信守承诺"这一规则从功利主义的理由来看要比其他任何关于守诺的规则都更加正当，就因此公然断定（同样是根据功利主义理由）它是我们针对守诺所能够形成的最为正当的规则。并且，下述主张看起来也无疑是似是而非的，即要求规则或实践应该基于功利主义理由被证成是正当的，意味着该规则或实践必定是针对此类情形我们所能制定出的最为正当的一个或一组规则。如果是这样的话，那么"应始终信守承诺"比"永不需要信守承诺"更为正当，仅凭这一事实——即便是基于功利主义的理由——仍然不能得出结论说，某个信守诺言的特定决定必然是正当的。原因在于，可能会存在这样一种情形，即根据功利主义的理由，其他的一些涉及守诺的规则可能比"应始终信守承诺

133

言"这一规则更加正当。

在先前所提到的信守承诺的情形中，从功利主义的理由来看，人们也许会发现"除非信守承诺极有可能带来直接的人身伤亡，否则都应始终信守承诺"要比单纯地要求"应始终信守承诺"正当得多。因此，如果某个人是审慎的有限功利主义者，那么对"应始终信守承诺"这个规则是否可欲不经检视便甘心加以接受的做法无疑是错误的。从功利主义的理由来判断，与那个包含了人身伤亡考虑的复杂规则相比，上述简单规则并不是那么地正当。

在这个关键点上，应当十分显而易见的是，此处所提出的

134 这些主张依赖于上一章中我们对规则的普遍性和一般性的讨论。[15] 因为，在这里我们认为，在规定了"所有承诺都应当被信守"与"某个特定类别中的所有承诺都应当被信守"的两个规则之间并不存在着形式性的差异。当然了，前一个规则要比后一个规则更加一般化一些，但是由于它们都要求其所明确规定的那一类别之下的所有情形均应以同样的方式被对待，从而使得我们很难在这两种规则之间作出区分。

除非能够说明，为某个规则设定例外——在这种设定例外的意义上——不同于创制一个或一组新的、更加复杂的规则，否则将其解释为能够用来正当化某个特定行为的规则或实践是眼下所能够形成的某个或某组最为正当的规则，似乎才符合有

---

〔15〕 Cf. *supra*, pp. 110-111.

限功利主义的基本宗旨。事实上，人们还可以坚持一种更强的命题，即每当我们能够表明对于一个新规则或实践的引入基于功利主义理由是更加正当的，那么除非有限功利主义被解释为允许对规则或实践进行修正，否则有限功利主义很显然并不值得称赞。特别是，那个论断——主张有限功利主义事实上能够基于功利主义的理由被证成是正当的——将会变得不再那么地合理，这仅仅是因为下面的这一点现在已经变得十分可疑了，即与其他一些容许修正规则的替代性证成程序相比，禁止在任何条件下对规则进行修正的证成体系将能带来更多数量的正当结果。但是，反过来，每当我们能够表明引入新的规则与保留既有规则相比能够产生更多数量的公正结果，如果有限功利主义确实容许引入一些新的替代性规则，那么有限功利主义事实上似乎能够根据一些经验性的理由而得到捍卫。

但是现在，出现了一个饶有趣味的情形。一些基于功利主义理由而被认为是更加正当的新规则，似乎可以在许多有限功利主义与极端功利主义的结果发生冲突的情形（如果不是所有情形的话）中引入。因为在那些情形中如果直接地适用既有的规则，将会产生一些基于极端功利主义的理由被认为并不正当的结果，所以这表明既有的规则出现了一些问题，并且因此我们可能需要制定一些新的或更好的规则，它们能够专门地将这 **135**

种特殊的情形考虑进来。[16] 如果是这样的话，我们便很难发现
在极端的功利主义与有限的功利主义之间存在着什么重要的理
论性差异。如果特定行为所诉诸的那些规则本身——通过表明
被提出的那个或那组规则基于功利的理由是更加正当的——可
以被修正的话，并且如果对于能够被引入的规则数量并无理论
上限制的话，那么我们就很难想象这样一种情形，其中有限功
利主义必将会被迫得到一个与极端功利主义不同的结果。并且，
从另外一个方面来看，每当我们能够表明对某个或某组新规则
的引入基于功利主义理由比保留旧规则更加正当，此时如果有
限功利主义的确允许引入某个或某组新规则，那么我们就很难
看清楚，如何能够构想出一种用以说明如下这个命题的情形，
即有限功利主义将比审慎的极端功利主义能产生更多数量的正
当结果。就道德规则、习惯或实践而言，除非存在着一些独立
的理由支持采取一种本质上保守的立场，否则与对道德和社会
现状未经批判就加以接受相比，一种禁止对规则进行修正的有
限功利主义似乎也好不到哪里去。然而，如果在有限功利主义
内部容许对规则进行修正，那么有限功利主义与极端功利主义
之间的形式性差异就变得微不足道了（如果这种差异存在的

---

〔16〕 每当相关的道德规则之间出现了冲突，有限功利主义有时又会被阐述为
要求"直接"地诉诸功利原则。然而，一旦允许这么做的话，所有重要的道德决定
仅仅根据极端功利主义的理由几乎无疑都变得正当了。有限功利主义现在只为那些
行为——其中很少或者极有可能不关心何种行为过程在道德上是正当的——提供了
一个论证方案。

话）。如果一个极端功利主义者是冒失的，那么他很可能会忽视一些长远的考虑，而一个有限功利主义者是绝不会忽视这一点的。如果一个有限功利主义者是冒失的，那么他很可能遗忘这样一点，即一些通常已被接受的规则都始终保持接受质疑。但是如果这二者在运用其证成程序方面都是小心谨慎的，那么我们就很难设想一种难以避免道德分歧的情形。

即便我们承认以上所有的观点，仍然还有两点可以用来为作为一个独立学说的有限功利主义进行辩护。首先，有限功利主义发挥着这样一种实践功能，它将注意力集中在那些始终应当加以考虑而又经常容易被忽视的因素上。通过对规则之正当性的集中关注，有限功利主义要求明确地对以各种方式行为所可能带来的长远后果进行考虑。它强调了这样一个事实，比如说，以某种方式行为的决定可能会对将来其他人的行动方式产生影响。它提请我们注意一个事实，比如说违背承诺的后果之一在于他人对于你将来所做的承诺可能不会保持太多的信任。依我个人对极端功利主义的立场的理解，一位审慎的极端功利主义者同样也可能会将这些因素纳入考虑的范畴中。但是相比之下，一位有限功利主义者更可能倾向于将这一考虑视为一种必然相关的因素。如果某人是一位审慎的极端功利主义者，那么他应当能够发现同一个行为是正当的，而该行为在一位审慎的有限功利主义者看来也同样是正当的。但是，相比之下，人们更容易成为一位冒失的极端功利主义者而非冒失的有限功利主义者。

其次，有限功利主义明确地保留了这样一种可能，即可能存在着某类情形，一个相对来说不存在例外并且不允许被修正的规则可能是在所有情形中要求被遵守的最佳规则。我很难理解，一个人何以能够先验地说：所有的甚或一些特定的规则都应当归于这一类别，但是在我看来一位有限功利主义者似乎能够证成，某个永远不允许被修订的规则与其他任何规则相比可能会产生更多数量的正当结果。

在下一章，我会详细地讨论一种法律论证程序，它类似于一位有限功利主义者所主张的那种道德论证程序。它是一种法律的二阶证成程序，具体来说，法院通过诉诸法律规则来正当化其裁决，而与此同时法院又诉诸功利原则来正当化这些法律规则。出于前面我们所已经提到的那些理由，我并不认为在这种程序与类似于一位审慎的极端功利主义者所主张的那种论证程序——法院通过诉诸以某种特定的方式直接根据功利原则裁判案件所可能带来的长期后果来正当化其裁决——之间存在着什么形式性的差异。然而，我认为在一种有限功利主义"取向"（orientation）与极端功利主义"取向"之间的确存在着某些前面所提及的那种实践性差异。并且，我更加确信的一点是，在有限的功利主义与上一章结尾所讨论的那种非直觉的衡平程序之间存在着一种最为根本的差异。无论成为一个有限功利主义者（而不是极端功利主义者）有着什么样的现实意义，成为一个有限功利主义者或极端功利主义者而非"衡平性的功利主义者"都既有十分重要的理论意义又有十分重要的现实意义。因为，正如衡平性裁决程序所主张的那样，认为当且仅当一个裁决能够最大限度地满足法庭上双方当事人的诉求才被认为是正当的，实际上就是在支持一种明显不同于下述程序的论证程序，该程序认为在某个裁决被证成是正当的以前至少还存在着其他一些必须被考虑的因素。而接下来这一章的任务，就是要致力于阐明这些差异。

第七章

二阶证成程序

问题的提出

138   在第五章结尾的那一小节中，我们描述了一种非直觉性衡平程序的特征，但却并没有对其进行评价。该程序拥有这样一种裁决规则，它规定：通过权衡，当且仅当某个裁决比其他任何裁决能为诉讼当事人双方带来更加可欲的结果时，该裁决才是正当的。在上一章，我们描述了一种二阶证成程序的性质，它十分类似于一种审慎的有限功利主义。这种程序也有着自己独特的裁决规则，它规定当且仅当某个结论是从法律规则——能够证明该规则的引入与运用比其他任何规则都更加可欲——中推导出来的，该裁决才被认为是正当的。在当前的这一章里，我们将检讨这两种使裁决获得正当性所依赖的不同程序。

至关重要的一点是，通过这种比较可以从一开始就清晰地将争论的焦点呈现出来。接下来我们将要比较的内容是，法院倘若明确地适用以上两种程序可能会获得什么样的裁决。如此一来，争议的核心就不在于哪一种程序能够容许我们在任何特定的案件中获得一个更加具有可欲性的裁决，而是在于它们当中的哪一个（如果被一以贯之地适用的话）能够将正当的结果视为一种更加具有可欲性的结果。只有当我们说明根据衡平性裁决规则的裁判实践所产生的一系列结论不如二阶证成程序所产生的结论那样更具有可欲性，才能够证明二阶证成程序是优于衡平性程序的。反过来说，一旦二阶证成程序所产生的一系列结论不如依照衡平性裁决规则所证立的结论那样更具有可欲性，也便证明了衡平性裁决程序是优于二阶证成程序的。换句话说，如果将上述两种裁决程序看作是为选择裁决理由——这些理由又被当作是以某种特定方式裁决案件的决定性充分理由而被接受——提供标准的不同过程，那么我们所要比较的就是产生于这样两种不同过程的那些后果。

可以认为，本章中的一些论点十分令人信服地证明了二阶证成程序会是一种比衡平性程序更为可欲的程序。但不幸的是，它们并未证明二阶证成程序能够完全摆脱它自身所面临的一些难题。此处，我们暂且只从中挑选一个较为严重的难题——在该程序的整个讨论中充斥着一个诡异的悖论（curious paradox）——来分析。二阶证成程序的许多优点源自这样一个事实，即法律规则在个案裁决的证成中发挥着一种无比重要的作用。然而，根据我们在前一章中所讨论的内容来看，二阶证成程序在理论上是难以与那种类似于审慎的极端功利主义所主张的那种程序相区分的，后面的这种程序要求每一个裁决都应当通过考量以那种方式裁决可能产生的所有重要后果（无论是长远的还是眼前的）而被证成。在这里，根本不必诉诸法律规则就能使裁决获得证成。因此，尽管二阶证成程序的可欲性部分地取决于这样一个主张，即坚持认为裁决的证成应当诉诸适当的法律规则，但是这一要求对于裁决规则的形成似乎并不是必要的。

在本章中，我将首先考察衡平性程序与二阶证成程序所可能存在对立的三个方面，它们是：（1）这两种程序对于裁决所欲保护的主体的影响；（2）这两种程序在无法认识到可能的法律后果的情况下所具有的重要意义；以及（3）这两种程序对于与一个合理的裁决理由相关的各种证据所施加的限制。其次，我将明确地关注一些针对二阶程序所可能提出的批评，而在此之前并没有提到过它们。特别是，下面两个问题将会进入我们讨论的视野，尽管对它们的讨论并不是十分地详细：（1）二阶证成程序的要求在实质上与形式上一样重要吗？（2）可能存在着一些法院应当运用自由裁量权或求助于一些一般性标准来裁判的案件，二阶证成程序对于这类案件的裁判能够提供帮助吗？

二阶证成程序与衡平性裁决程序之比较

裁决对于其欲保护的主体的直接影响

从表面上来看，二阶证成程序似乎能够最为妥当地运用于许多案件中。至关重要的一点是，在这些案件中存在着相应的法律规则并且法律规则的内容相对而言并不是那么地重要。我们所熟悉的道路交通规则、一个要约（offer）或承诺的有效时间规则以及解决法律冲突的规则，诸如此类的东西马上就会浮现在我们的脑海当中。但是，出于一些在前面对于罗斯科·庞德的正义分支理论的讨论中就已经阐明的理由，很明显这种论证并不能建立在通常所提出的那些理由的基础之上。因为，即便是我们将那些自身缺乏重要道德内容的规则适用到特定的情形中，也可能会产生一些十分明显的不道德的后果。即便是在那些最需要现成的规则的领域，那一规则的适用对于诉讼当事人双方来说也可能会产生一些灾难性的后果。衡平性裁决程序的倡导者能够十分准确地指出，在任何法律领域中最不容易招致异议的规则也可能会产生最令人厌恶的后果。很显然，即便是最具"中立性"的财产法，当被适用于一个由于老母亲病重而无法从住处搬离的承租人时，也可能会产生有害的后果。同样地，如果将一个良性的关于丧失抵押品赎回权的规则适用于一位穷困潦倒的寡妇，可能会给那位寡妇以及靠她养活的人带来不可估量的危害。衡平裁决程序的倡导者能够指出一些诸如此类的情形，而且还能够十分令人信服地主张如果法院完全放弃使用法律规则，而是相反专心于在眼前案件中如何为双方当事人主持正义，那么这样一来它才能够最大限度地发挥其功能。由此，如果想要证明规则适用型程序（rule-applying procedure）比衡平性程序更加具有可欲性，那么除了人们通常所宣称的那些理由之外还应提出一些其他更加具有说服力的理由。

这样的一些理由是可以找到的。因为，更加仔细地考虑一下那些典型的事实情形，在那些情形下衡平性程序的作用似乎表现得最为突出。考虑一下那个典型的疑难案件，其中抵押人穷困潦倒而抵押权人却腰缠万贯。此外，也设想一下那个叫琼斯的寡妇的悲惨处境，她和自己六岁的孩子一起住在一个破旧不堪的、被设定了大量抵押负担的农场里。冬天到了，或许已经下了一场小雪。偿还抵押贷款的期限已经过了。巴彻勒·史密斯持有着对这些土地的抵押权，而他几乎是这个小镇里最有钱的人。他跑到法院要求颁发一个指令，用以剥夺那位寡妇赎回自己抵押财产的权利并将她从农场里驱逐出去。对此法院能够做出一个什么样的合理裁决呢？

很显然，如果法院采纳了一种衡平性的证成逻辑，判令剥夺那位寡妇赎回自己房产的权利，并允许抵押权人将她和她的孩子从农场里赶出去，迫使他们在冰天雪地里流浪而无家可归，通过权衡可以看出这个判决所产生的害处无疑要远远大于益处。说实在的，这块地落到巴彻勒·史密斯手里并没有什么用，或者说他也不至于急着用钱而将这块地卖出去。那个寡妇琼斯除了这个破农场之外，再也没有别的可以落脚的地方了。如果法官仅仅只考虑诉讼双方当事人各自的立场，那么他必将是一个冷漠无情和缺少人性的法官，因为他并未看到对于诉讼当事人的利益、需求或者潜在满意感的考虑要求他拒绝抵押权人将那位寡妇从农场驱赶出去。

尽管这个观点可能具有一些吸引力，但是我们却很难理解这种裁决程序何以能够站得住脚。实质上，那个衡平性的法官可能会说，无论什么时候只要给抵押人带来的痛苦大于给抵押权人带来的利益，都不应当剥夺抵押人赎回抵押物的权利。而正是这一点，它自身却不能被拿来当作支持某个裁决的充分理由。因为，认为以这种方式裁决抵押案件的重要后果之一便是 **142** 最需要或最可能继续需要经济资助的人无法再从潜在的借贷者那里借到钱，这一假定难道不合理吗？因而，以此为基础的抵押案件的裁判实践可能会对抵押贷款交易赖以为基础的安全保护手段的功用产生破坏性影响。潜在的借贷者也很不情愿将钱借给那些一旦违约将被正当地剥夺赎回抵押财产而受到最深伤害的人，这一点是完全可以理解的。由此，那些最需要想尽办法借钱的人，可能到头来根本找不到愿意借给他钱的借贷者。

并且同样我们也能得出这样一个判断，即那些最有能力向他人放贷的人，也就是说那些最不需要帮助的人，也最不可能把钱借给那些有需要的人，这仅仅是因为在一些特定的司法冲突中他们的利益要求很可能会遭到拒绝。[1] 因此，即便我们承认资本主义制度及其信贷措施在经济上是可欲的，对于那种仅仅基于衡平性之理由的证成逻辑的运用往往会挫败那些制度性设计的根本目的。如果我们承认信贷交易是可欲的，那么很明显的一点是：如果这些交易在将来还会继续发生的话，那么与考量裁决会对法庭上双方当事人所可能带来的影响相比，对其他一些因素的考量是更加必要的。

依照二阶证成程序的裁判能够做到那一点。即便我们承认允许贫穷的借款人从借贷人那里借钱具有重要的意义，也承认鼓励富裕的借贷人把钱借给那些需要的人具有重要的意义，法院仍然必须要制定和适用一些能够平衡潜在风险与安全的法律规则。而一些功利主义方面的考虑对于制定最可欲的抵押规则来说无疑是至关重要的。但是出于前面我们所粗略勾勒的一些理由，如果法院只考虑诉讼双方当事人的利益，那么这些功利主义方面的考虑无疑很可能被忽视。对于特定抵押案件的裁判，

---

[1] 事实上，英美担保法的历史可以被解释为支持这样一个假定，即尽管法院对贫穷的抵押人给予了相当大的保护，但是潜在的抵押权人仍然愿意把钱借给他们。上面所提及的那个论点并不能因此被这样解释，即认为如果授予抵押权人的不是一种后果绝对的直接抵偿（strict foreclosure）的救济办法而是除此之外的其他权利，那么抵押交易将会从我们的社会当中消失。该论点仅仅意味着，一旦授予抵押权人的救济办法达到了一定程度的无效状态，抵押交易可能会变得不同寻常。

如果法官只考虑裁决给诉讼当事人带来的后果，那么与诉诸法律规则——该规则基于功利主义的理由被认为是最可欲的——的裁判实践相比，这就很有可能导致一种更加严重的、深远的不可欲后果。

　　这种对问题的描述，尽管是正确的，但也可能在某个方面是误导性的。这种描述提请我们注意这样一个事实，即如果采纳衡平性的裁决程序将无可争辩地会带来一些显著的危害性后果，就这一点来说该描述是非常有益的。这一论断含蓄地主张，在任何对于特定抵押案件裁决的证成中都必须包含着对以某种特定方式裁决此案以及类似抵押案件所带来的长期影响的考量，就此而言这一论断也是适当的。然而，如果这种阐述带给我们一种"制定出来的规则在任何情形下都不得被修改"的印象，那么它便是误导性的。并且，如果它主张一个专门考虑了寡妇之处境的规则必然是不可接受的，那么这种阐述同样也是不可接受的。

　　对于衡平性的功利主义证成程序的反对，其核心并不在于——正如某些人所可能认为的那样——衡平程序考虑了寡妇的处境而二阶裁决程序并没有考虑这一点。由此并不能得出结论说，在二阶程序之下不可能存在着一个可被用以处理某类特殊抵押案件——在这类案件中，抵押人的特殊身份是寡妇——的法律规则。对于衡平性证成程序的反对，其核心仅仅在于，它并没有以采取它本应采取的方式来考虑寡妇的处境。如果法

143

院考虑到给寡妇带来的伤害不应大于抵押权人所获得的收益，并据此来证明不对寡妇执行抵押权的裁决，那么与法院针对贫穷的寡妇至少强制执行某些种类的抵押权相比，从长远来看这可能会给更多的寡妇带来更加严重的伤害。二阶证成程序要求应当针对寡妇的处境制定一个规则，只要该规则能够表明挑选出某些寡妇并加以特别对待从长远来看并不会给寡妇（群体）带来更大的伤害，而在某种程度上这一点是衡平程序所做不到的。以某种特定方式对待寡妇的所可能产生的长期影响应当和任何涉及寡妇的特定案件的裁决方式发生关联，通过坚持这一点，二阶程序事实上才是唯一能够以十分有意义的方式将寡妇的处境加以考虑的程序。

144　　此外，即便我们能够说明一些将寡妇的处境加以考虑的特殊抵押规则对于寡妇的利益而言并不是"自我挫败"（self-defeating）的，仍然还存在着其他一些理由阻碍着我们引入该规则。但是，由于这些理由直指"法院应当适用哪种类别的法律规则"而非"法院是否应当适用法律规则"，因此在我们更加全面地完成对衡平性证成程序与二阶证成程序之间差异的讨论之前，对于上述这些问题的讨论暂且只能往后推一推。[2]

　　现在，人们不必赞同这个命题——二阶证成程序应该被当作一个能够证成所有法律裁决的程序而运用，也可能会同意在

---

〔2〕　参见本书下文第 162—168 页。（此处指的是原书页码，亦即中文版的页边码——译者注）

这类案件中对衡平性裁决程序的适用将是"自我挫败"的。事实上，衡平性程序的倡导者可能会沿着下面这个思路提出争辩，即刚刚所讨论的抵押案件仅仅向人们表明，在某种程度上人们的行为很明显是建立在下面的这个基础上，即他们对于法律体系将可能以何种方式对待这些行为的认识。通过运用二阶证成程序，法官能够以某种方式将这一因素考虑进来，而运用衡平性程序则是难以做到这一点的。很明显，除了抵押领域之外，还存在着许多其他的法律领域，在这些领域中对衡平性裁决程序的适用从长远来看将会带来极其不幸的结果。如果人们认为法院会按照下面的这种方式来裁决特定的合同纠纷，即做出与当事人之诉求相反的裁决将会给哪一方带来更加严重的伤害，那么人们可能就不像原来被鼓励的那样积极订立许多各种各样的合同。此外，这对于许多最为重要以及为社会所需的正当交易形式无疑同样也是如此。

但是，即便我们承认这一点，下面的这个观点——存在着一大类（事实上是很大的一类）案件，人们在这些案件中从来不会把他们对于法律后果的认识作为调控行为的指南——仍然还是不正确的吗？而对于以下案件来说又是怎样的情形呢？即在这些案件中，对于法院在过去如何对待类似案件或者在将来极有可能如何对待类似案件的认识，对个体采取什么样的行为并不会产生影响。当我们将二阶证成程序适用于（比如说）前面所讨论的疑难案件——在这个案件中，雇员为了让其雇主避免受到伤害而只能牺牲自己的身体健康，它似乎并没有什么太大的意义。[3] 倘若认为该雇员之所以会这么做，是因为在某些方面受到了对其行为后果之认识的影响，也就是说他认识到其雇主随后会对该伤害进行赔偿，而且这个承诺将会产生法律上的约束力，做出这种假定难道不怪异吗？同样地，认为如果其他的雇员知晓存在着一个诸如在韦伯案中所适用的规则，他们也很可能会被促使去挽救雇主以避免使其受到伤害，这种主张难道不荒唐吗？此外，感激的雇主如果知道法院将会适用衡平性程序来裁决这类特定案件，相信他们将不太愿意承诺对受伤的雇员进行赔偿，不同样是荒唐的吗？换句话说，在这类案件中为了获得一个好的裁决（即便从长远来看是一个好的裁决），法院还必须考虑除了法庭上双方当事人利益之外的其他因素。我们能够证明这一点吗？

或者说，我们举一个不同的例子，考虑一下下面的这个案件。约翰·霍金斯，一个道德品行不端的男子，遇到了一个十七岁的女孩，这个女孩是俄克拉荷马州一家夜总会的服务员。由于结识的当晚她就同意和霍金斯一起穿越边境到另一个州去，所以她的道德品行也非常值得怀疑。此外，很显然，她知道自己将要和霍金斯的妻子（common-law-wife，意指未缔结婚姻而与人同居的女子，或者说是一种事实婚姻的女子，为行文方便以下均翻译为"妻子"——译者注）——该人是名妓女——住

─────────────

〔3〕 *Webb v. McGowin*, 27 Ala. App. 82（1935）.

在一起，而她正是在这种情形下被带走的。在那个女人的监护下，这个小女孩开始学习和运用这个被认为是最古老职业（指娼妓和卖淫业——译者注）的秘诀。

后来霍金斯被控诉违反了曼恩法案（Mann Act）*，他被带到了一个联邦地区法院接受审判。出于一些与当前并不相关的理由，很明显霍金斯妻子的证言对于当局来说是至关重要的。但是存在着一个问题，即该证词是否可以被采纳。一个无可争辩的事实是，联邦法院有这样一条规则（只有极少数的犯罪行为属于例外情况），它规定在刑事诉讼中不得采纳被告人的妻子或丈夫所做出的对于被告人不利的证言，即便被告人的配偶愿意提供那个急需的证据。在霍金斯案中，妻子的证词得到了初 **146**审法院的许可，霍金斯对此表示不服并上诉到了联邦最高法院。

在上诉中，联邦最高法院一致认为（结果只有一个法官持有附随意见）：不应当改变有关是否容许此种证词的规则，因此本案中许可并接纳霍金斯妻子的证言是不正当的。[4] 法院借大法官布莱克之口表达了这一意见：在刑事案件中配偶之间不得做出对另一方不利的证词，这一规则是建立在渴望巩固家庭和睦的基础之上的。"在一个生命或自由攸关的审判中，法院拒绝让夫妻之间相互对抗的根本理由在于坚持这样一个信念，即这

---

　　* 曼恩法案是美国国会 1910 年 6 月通过的一项法案，旨在禁止在州与州之间贩运妇女。——译者注
　　〔4〕　*Hawkins v. United States*，358U. S. 74（1958）.

一政策对于巩固家庭和睦来说是必要的，它不仅是为了维护丈夫、妻子以及孩子的利益，而且同样也是为了维护社会公共利益。这种信念在过去一直都是合理的，现在亦是如此。"[5] 法院说，既然该规则是一条很好的规则，这听起来好像是在倡导二阶程序一样，因而该规则应当适用于本案。

现在，假定霍金斯在某些方面受到了对下述认识的影响，亦即他认识到：如果当局指控他违反了曼恩法案，那么他的妻子将不能做出对他不利的证词。这一假定完全切合实际吗？此外，即便是他知道存在着那样一个规则，就必然能够得出如下结论吗？亦即如果法院根据衡平性的理由裁决诸如霍金斯案之类的案件，那么将会导致和在寡妇抵押案中所设想的同样的社会危害后果。比如说，在这类特定的案件中，对于是否应当准许配偶一方做出对另外一方不利的证词存在着争议，那么这类案件的裁判实践上又是如何明显地削弱婚姻制度的呢？特别是，由于在当前的这个案件中法院所面临的是一个特殊的婚姻，其中妻子是一名妓女而丈夫是一个皮条客，他们之间不是从一开始就缺乏维持家庭和睦的必要条件吗？倘若我们承认这些事实，为什么仍然要适用那个非法证据排除规则（exclusionary rule）呢？换句话说，非法证据排除规则具有普遍的可辩护性这一单纯的事实为什么不能作为将这一规则适用于所有案件的充分理由呢（而不论它在任何特定的案件中会产生什么样的后果）？为

147

---

〔5〕 *Ibid.*, p. 77.

什么当前这个案件的独特事实问题应当被忽视呢？此外，即便是运用一种二阶证成程序，法院为什么不能制定一个或一套用以排除妓女之证词的规则呢？比如说将她的证词排除出有争议的证据规则之外。简而言之，在本案中适用这个证据规则的唯一后果不就是允许一个不受社会欢迎的人——他以组织和介绍卖淫为生——逃避法律的制裁吗？因为该法（指曼恩法案——译者注）制定的目的明显是惩罚所有从事这类活动的违法者。

"由此，似乎也可以断定：尽管可能存在着一些法律领域，它们会比较欢迎和支持二阶证成程序，但仍然也存在着其他一些该程序所并不适用的领域。此外，我们似乎也可以进一步得出这样一个结论，即更加有意义的裁判方法在于直接根据后一类案件的独特事实进行裁决。"

应当注意的是，诸如此类的主张可以被认为至少表达了两种不同的意思。一方面，这个主张可能是说并不存在十分充分的理由来解释"为什么衡平性裁决程序不应被用以裁决类似于在韦伯案和霍金斯案中所出现的那类问题"。也就是说，它可能是在主张，当诉讼提起后，在这类案件中法官应当考虑每一个婚姻或者每一个雇主和雇员的具体情况，并且决定裁决会给哪一方带来最小的伤害、又会给哪一方带来最大的收益。而正是这种在利弊得失之间的抉择，才应当成为裁决获得正当性的理由。另一方面，该主张可能直指这样一个命题，认为经常用以裁决这类案件的法律规则并不必然是我们所能够形成的最佳规则。授予一项普遍的"夫妻特权"（husband-wife privilege）规则，或许并不是我们所能够制定的最佳证据规则；我们应当引入一项更加复杂而精细的规则——它将"娼妓与皮条客之间的婚姻"作为一种例外，并将其当作是允许霍金斯之妻出庭作证的理由。应当按照如下的方式来修正合同的一般规则，即应当明确地准许将某类"过去的对价"或"道德的对价"用来支持某个未来付款的承诺。

148　　我们应当能够很明显地发现，以上第一种解释提出了这样一个问题，即至少在某些案件中衡平性程序是否要比二阶程序更加具有可欲性？而第二种解释提出的问题是，我们是否能够以一种令人满意的方式适用二阶程序？同时它或许还（至少是含蓄地）提出了另外一个问题，即二阶程序是否易于促使法院不加思索地接受既有的法律规则并将其作为裁决获得正当性的充分理由？但是，主张应当采纳衡平程序是一回事，而主张可能会误用二阶程序则完全是另外一回事。由于这些问题都需要讨论，因而最好还是将它们分开来处理。

　　上面那个冗长的论证被解释成是一种对（至少在某些种类的案件中）运用衡平裁决程序的辩护，它主张用以支持二阶裁决程序的同类理由并不适用于所有的案件，在这一点上它是具有说服力的。比如说，倘若根据衡平性理由来裁决涉及允许配偶一方做出对另一方不利的证词的案件，那么必须要承认的是这并不必然会发生同类"自我挫败"的后果——它们曾在涉及寡妇的抵押案件中出现过。即便人们知道当类似的案件出现时，法院在决定是否应当允许配偶一方做出对另一方不利的证词时会对他们的特殊婚姻进行评价，他们仍然会像以往那样正常地缔结婚姻。但是，承认这一点并不意味着承认衡平性程序因此就是可欲的，即便在这类案件中也是如此。承认人们的日常行为并不需要借助于对可能产生的法律后果的认识，并且进一步承认对可能产生的法律后果的认识通常并不会影响人们的行为，这并不意味着承认此处不应当运用二阶程序。相反，对于（即便是在诸如霍金斯之类的案件中）为何要坚持一种二阶而非衡平性证成程序，还存在着其他两个理由。

未认识到可能法律后果的行动

人们经常是在没有认识到其行为所可能产生的法律后果的情形下采取行动的，这一点无疑是正确的。但是，这并不必然 **149** 意味着人们没有机会在行动之前考量这些后果。假定我们一致同意先前关于可预测性是否可欲的讨论，[6] 那么便可以得出这样一个结论，即法律体系应当始终努力扩大那些能够预测到行为后果的领域。如果是这样的话，那么单单"人们并不根据对于自己行为后果的考量而采取行动"这一事实，并不意味着那些为他们所理智地依赖的法律规则是多余的。

---

〔6〕 *Supra*，pp. 60—62.

与此同时，似乎并不存在着什么法律领域，律师于其中能够预测诉讼后果是不重要的。即便是某个律师的客户的行为没有受到对相关法律之认识的影响，而律师本人对于法院将会如何对待这种行为能够拿捏得很准是非常重要的。因为，如果律师能够对相关的司法后果做出合理的预测，那么他会更加理智地开展业务，比如决定该争议是否应当起诉到法院，或者相反是否应当诉诸一些诉讼外的途径来解决。

如果这个理由是有说服力的，那么人们必然会问这样一个问题：在这两种裁决程序——衡平性裁决程序和二阶裁决程序——中何者能够更好地为获得先在的认识（antecedent knowledge）提供条件呢？此处，二阶程序可能是更加奏效的。因为，请考虑一下衡平性裁决程序的运作方式。刚开始，在任何案件中与裁决相关的因素在诉讼开始之前通常是很难确定的。如果认为裁决规则要求必须考虑诉讼当事人双方的利益和需求，那么只有在知晓了特定当事人的特性之后才会对"何种裁决是一个公正的决定"产生影响。比如说，采纳这种裁决程序的法院，应当考虑当事人相关的财富状况、年龄、辨别能力以及实际上被卷入诉讼的可能性等因素。因为这些因素都与"何种裁决能够最大限度地满足当事人双方的利益"这个问题相关；在诉讼活动开始以及他们彼此知晓对方之前，这些因素通常也是难以确定的。

150　　相反，如果司法机关明确地运用二阶证成逻辑，那么进行准确预测的必要条件就会更加明显地展现出来。在前面第四章中，我们对先例裁决程序——它建立在先例裁决规则的基础上——所能推进预测的可能程度的讨论，与此处所讨论的问题同样也是相关的。确切地说，这是因为特定案件是通过诉诸适当的法律规则才被证成是正当的，我们能够有更好的机会去准确地预测运用哪种规则将会败诉以及会产生何种法律后果。

　　然而，对于"在二阶程序之下预测将变得更加容易"这个主张，存在着一种十分明显的反对意见。因为二阶程序允许在某些条件下修正既有的法律规则，在这一点上它与先例程序是不同的。由于每当出现一个新的、更加可欲的法律规则时，二阶程序便允许——并且事实上要求——修正既有的法律规则，因而似乎并没有什么使得基于这种程序的预测比基于衡平性程序的预测能够准确到哪里去。事实上，为了避免将既有的法律规则与真正具有正当性的规则相混淆，应当明确地将二阶证成逻辑视为一种类似于审慎的有限功利主义。而一旦我们承认，正如必须要承认的那样，当能够证成某个被引进的新规则更加正当的时候，法院便能够并且应当修正既有的法律规则，如此一来二阶程序与先例程序之间的相似性似乎也就消失了。在二阶程序之下，当案件被提交至法庭裁判时，当事人双方（或者其中任何一方）用以预测裁判后果的法律规则可能会被法院当作一个眼下并不可取的规则而拒绝，这种情形的出现无疑是可能的。由此，这里会出现一个似乎难以避免的困境。也就是说，如果并不存在能够让人们依赖的法律规则，那么社会将丧失某些真正具有意义的东西。如果存在着人们能够可靠地信赖的法律规则，那么这些规则应当是不容改变的。但是，这两种可供选择的方案没有一个是令人满意的。对于这一难题来说，尽管二阶程序还远远不是一个完美的解决方案，但它或许是一个眼下我们所能够找到的最佳方案。

因为，有两方面的因素使得如下假定变得具有合理性，该
151 假定认为在二阶程序的框架之下，在相当大的程度上可预测性或许是可能实现的。一方面，某个法律规则一旦形成并且被判定具有可欲性之后，那么相对而言一些影响裁判正确性的情形在近期不太可能会出现。比如说，如果我们假定已经制定了一个可取的抵押规则，那么其赖以获得可欲性的条件就不太容易很突然或很经常地发生改变。[7] 尽管总是允许当事人去证成其他一些规则比眼下的这个规则更加可取，但是当事人必须提出证据来准确地证成现在对于既存法律规则的可欲性判断何以是不正确的。

其次，尽管二阶证成程序可能无法"保证"一个案件能够依照既存的法律规则被裁判，但它确实成功地将法官的注意力集中于这样一个事实之上，即在将某个新规则视作是裁决某个案件的令人信服的充分理由之前，新规则的引入（同样也包括

---

〔7〕 这种改变当然也会发生。以下便是一个很好的例子，由于美国二十世纪三十年代大萧条的出现，担保法领域的改革因此就变得十分必要。

该规则自身的内容）首先必须获得正当性证成。

在这一点上，二阶程序显然也并不会阻碍法官做出如下决定，即某些新规则只能适用于那些产生于它们发布之后的案件。也就是说，我们并不能得出这样的一个结论，即一旦承认在某些条件下应当修改既存的法律规则，那么接下来唯一能够做的就是将新规则适用于后来的待决案件。如果先前的规则是一种能够为诉讼当事人合理信赖的规则，那么在眼前的这个案子里更可取的做法是适用那个旧规则，但同时宣布人们未来的行动要以这个新规则为基础。[8] 无疑也会有这样一些时候，无论是不假思索地将新的、更加可欲的规则适用于所有的案件，还是基于人们已经信赖既存的法律规则这一理由而拒绝对其做任何修改，都没有前述那种方法来得更加合理。[9] 由此，当二阶程

---

〔8〕 此种提议并不是我本人的原创。倡导这种程序的最著名的一篇文章是 Albert Kocourek and Harold Koven，"Renovation of the Common Law Through Stare Decisis," 29 *Illinois Law Review* 971（1935）。

〔9〕 与刚刚所勾勒的那种观点相反，下面的这类主张并不少见："解释成文法以及适用不成文法是法院的职责所在，而当不成文法有时被当作是'法官所造之法'（judge-made-law）时，这显然是一种严重错误的看法，由此可能会导致一种对我们的整个司法体系的曲解，即认为法官拥有创造法律的权力或者宣布一个不适用于过去但将来应予以遵守的法律规则。事实上，只有立法机关才有权那么做。"参见 Henry Ellenbogen，"The Doctrine of Stare Decisis and the Extent to Which It Should Be Applied," 20 *Temple Law Quarterly* 503（1947），514。

这种主张的盛行，并没有使它变得好理解（哪怕是一丁点儿的）。如果允许法院改变既存的先例，并且如果承认这些先例本身是由其他法院所创制的，那么似乎并没有什么理由能够用来解释为什么法院不应当考虑"新的"先例应以何种方式产生效力。如果存在着一个关于"机械"法学的真正的好例子，那么它或许就是这样一个原则，主张一旦某个先例已经被推翻或者被改变，而无论潜在的诉讼当事人或律师可能会从相反的方向想什么或做什么，该先例都永远不存在了。

序明确地表明可以修改既存的法律规则时，它允许将推翻既有
规则所可能产生的后果考虑进来。此外，它也容许这种修改规
则的权力带来各种各样的后果。

152　　二阶程序无法提供这样一种程度的可预测性，即在一种抽
象意义上它或许是更加可欲的。但是，它似乎的确能够以某种
方式将提供可预测性所必然涉及的一些问题考虑进来，而对此
衡平性程序是做不到的。并且与此同时，它似乎也能够以某种
方式将追求可欲之法（desirable laws）所必然涉及的问题加以考
虑，而这一点是先例程序所做不到的。

对法律后果之认识无关紧要的行动：两类证据

衡平程序的倡导者仍然可能会继续回应："迄今为止我们提
出的所有论证至多不过表明，二阶程序在那些人们既可以又应
当能够预测行为后果的法律领域中是最为可欲的。然而，仍然
还有很大的一块领域，在该领域中进行可能的预测完全不是一
个重要的目标，并且在特定案件中对二阶程序的坚持只会导致
一种不正义结果的出现。比如说，对所有相关法律规则的认识
可能并不会对日常'激情犯罪'（crimes of passion）的数量和种
类产生最轻微的影响。比如在霍金斯案中，不管霍金斯是否知
道'夫妻之间不得作出对另一方不利的证言'这一特权的内容，
将那个证据规则适用于该案似乎是愚蠢的。一般而言，即使允

许霍金斯的妻子（一个妓女）对自己应受社会谴责的行为作证，丈夫和妻子们无疑也大可不必担忧，婚姻制度并不会因此受到削弱。问题的核心并不仅仅在于应当制定一个新的、更加复杂的证据规则。相反，问题的关键是在此类案件中似乎并没有什么充分的理由能够解释为什么法官不能仅仅根据'具体问题具体分析'（case by case）的原则裁决案件。从法律规则的制定中我们什么也得不到；无论是通过这种还是那种方式裁决案件甚至也无法获得什么明显的长期后果。法官所裁判的仅仅是这样一个问题：在这个特定案件中，与根据某个规则将一个严重堕落的社会青年送进监狱相比——该规则的明确目的就在于惩罚像他这样的人，从而对霍金斯的婚姻进行可能的保护（如果我们能够这么称呼的话）——是否更加地重要。如果法院已经对霍金斯在其婚姻中所享有的利益与国家至少暂时地将其与社会隔离所获得的利益进行了权衡，那么很显然在本案中国家的利益应当是压倒性的。"

这一主张尽管可能有些夸张（overdrawn），但却将我们引入了对支持二阶证成程序的第三种论证的讨论，它和前两种理由一样都是为了证明二阶程序比衡平性程序更加具有可欲性。因为，即便我们承认前面的两点论证都不能适用于诸如霍金斯案之类的案件，但仍然可以找到一个可适用的论证，并且它也是这三类论证中最具有包容性的一个。原因在于该论证不仅能够适用于诸如霍金斯案之类的案件，而且还可以完全适用于所有其他被提交至法院的待决案件。它与法院所要进行的调查审问的性质相关，也与在两种不同程序下被视为具有相关性的证据的特征相关。

　　首先请考虑下在衡平证成程序中与"是否应当允许霍金斯夫人出庭作证"这一问题相关的那类证据。法官必须对当事人双方的这个特殊的婚姻生活做一个十分详尽的调查。他必须要知道夫妻双方之间对另一方的特殊感觉。在此基础上，他必须要形成一种关于允许霍金斯夫人出庭作证可能会导致何种后果的判断。换句话说，他必须要预测假若霍金斯夫人出庭作证将会导致夫妻关系永久性破裂的可能性到底有多大。其次，他将被迫对维持这个特殊的婚姻是否有益于社会进行评价。最后，他必将决定从出庭作证可能有助于定罪这一事实所产生的利益是否超过婚姻的解散所可能带来的痛苦。

　　哪个或哪些具备规则资格的证据规则是正当的？这个问题**154**可以通过诉诸某些十分不同的理由来得到回答。法官与其深入探究这桩特殊婚姻的稳固性以及判断其价值，倒不如一上来就追问这个规则的存在事实上是否意在保护家庭的和睦与夫妻间的团结。比如说，正如斯图尔特大法官在霍金斯案中所指明的那样，法官可能会留意其他一些辖区的经验，这些辖区采用了一种不同的"夫妻特权"。他可能会问，允许此种证词（夫妻一方在法庭上所做的对另一方不利的证词——译者注）是否增加了离婚率以及家庭内部的冲突。[10] 此外，也正如布莱克大法官在霍金斯案所说的那样，法官也可能会诉诸这样一些证据，它们倾向于表明防止夫妻间关系不可挽回地破裂是防止离婚的一个重要因素。布莱克大法官注意到，"全国各地的法院在化解家庭矛盾方面所取得的巨大成功真实地说明了，只要任何一方没有做出不可原谅的举动，那么一些表面上出现破裂的家庭还是可以挽救的。我们认为，在刑事诉讼过程中允许夫妻之间做出对另一方不利的证词可能会毁掉几乎任何一个婚姻。"[11]

上面的这个概述有助于表明，在与两种证成程序相关的各类证据之间存在着两个重要的差异。第一，与霍金斯案中衡平性证成相关的证据很难获得。比如说，法官本可以对特定的婚姻组合的稳固性提出明智的判断意见，即便真的能做到这一点，那也只能是在对霍金斯夫妇的性格进行一项全面的心理学研究之后的事情了。第二，社会工作者对于霍金斯婚姻所进行的一项全面研究似乎是另一个必备条件。[12] 因为，法官何以能够明智地预测在此类特殊的案件中允许妻子出庭作证会对婚姻产生

---

〔10〕 *Hawkins v. United States*，358 U. S. 74，82 n. 4（1958），附随意见。

〔11〕 *Ibid.*，pp. 77-78.

〔12〕 非常有意思的是，在众多学者当中，瑞丁明确地主张了这类证据："我曾主张，每当一个涉及两个人之间经济财产或社会关系的案件被起诉到法院时，法院就应当对他们的生活经历和周围环境进行调查研究，这有些类似于社会学家罗伯特和海伦·琳达对中部城镇所做的研究；而倘若是在一个刑事案件中，法院要做的可能是一种对诸如精神病史进行备案记录的犯罪学研究，这可以增补到一本类似于胡顿对美国犯罪人的研究或者格鲁克夫妇对少年犯的研究的著作中。"参见 Max Radin，*Law as Logic and Experience*. New Haven：Yale University Press，1940，p. 51。

什么样的影响呢？我们不能说诸如此类的证据永远都是无法获得的，但是它们的确很难获得。要求在任何一个案件中都应当提出这种证据，无疑会使得司法变得更加冗长乏味；而在缺乏这类证据的情形下允许法官根据衡平性的理由来证成裁决，无疑又会使得对正当裁决的追求丧失了可能。

反过来说，对于法官在二阶理论下所提出的那些问题而言也是如此。因为在这里，最终所要确立的（亦即规则的可欲性）内容更容易受到普通的经验调查方法的影响。接下来的这个实验模型将会表明我们所应寻求的那类证据。假定存在着两个司法辖区，其中一个辖区坚持霍金斯规则（是指法院在霍金斯案中所适用的那一证据规则，即配偶之间不得作出对另一方不利的证言——译者注），而另外一个辖区则允许配偶之间作出对对方不利的证词。并且假定，除了适用两个不同的证言规则这一事实之外，这两个辖区在其他方面是高度相似的。再进一步假定，在适用霍金斯规则的那个辖区中离婚率是百分之一，而另外一个辖区的离婚率却是百分之十。基于这样一种证据的展示，我们无疑可以正确地推断出：事实上，对一般性"夫妻特权"的运用的确在婚姻保护方面发挥着重要的作用。即便我们承认，通常无法发现能够用来说明这种效果之间显著差异的数据。但是，重要的在于这类证据恰恰正是社会科学家所力求搜集的，当然这也是他们能够有效搜集到的。因为二阶程序要求法院形成这样的一个法律规则，即它能够适用于某个类别之下的所有案件；二阶程序势必也要求法院形成一个或一套有关该规则所可能产生的社会后果的假定。并且，这个或这套假定能够经得住常见的各种客观考验和检验。

在同样的这一点上，值得指出的是，在每个涉及该规则的案件中不必每次都要进行这样的调查和评价。此处的关键完全类似于我们先前所提出的一个观点（中文版页边码151——译者注）。在二阶证成程序之下，足以要求我们重新评价某个规则的新证据会十分频繁地出现，这种情形基本上不太可能发生。比如说，法院由于发现一贯地适用霍金斯规则相比于适用其他的某个替代性规则将会导致更少的人选择离婚，因而它不必对这两个规则在每个相关的案件中出现时所可能产生的后果进行比较分析。在二阶程序之下，引入一个可能导致相反推论的新证据无疑总是适当的，但是这类证据通常并不会以很快的速度发**156**生改变。此外，我们总是能够表明到目前为止还存在着其他一些尚未得到检验的因素——它们应当被明确地加以考虑，然而实践中却已经被人们所遗忘了。我们再一次重申，应当对此处所提出的问题加以十分准确的限制，从而才能够经得住同种系统性调查的考验。

必须要认识到的一点是，这些观察对二阶程序提出了一个反对意见。这与法院所肩负的重任是有关系的，因为法院必须要用最可取的法律规则来正当化其裁决。那个反对意见是这样的，认为在二阶程序之下法官必须扮演一种通常为立法者所要扮演的那种角色。由于二阶程序明确地允许并且事实上要求法院"制定"法律规则，因而似乎法院应当从事和立法者在制定一个可行的和公正的法律之前所应从事的同类活动。正如我们前面刚刚所注意到的，旨在表明某个或某套特定规则会产生何种影响的证据对于法院制定或适用一个公正的法律规则来说是至关重要的。然而同样显而易见的是，这并不是司法事业所特有的那种调查，也不是通常被提交至法院或被法院听审的那种证据。

必须承认，这个问题很难找到答案。对下面这一事实的注意可以部分地避开这些困难，也就是说即便在二阶程序之下法官对于许多问题的关心并不会使得这种调查或分析成为必要。但是在某种程度上，又必须要直面这些问题。因为一些替代性的考虑并不是特别地有用。如果法院适用了一种先例裁决程序，我们可能认为前述那种问题并不会发生，原因在于法院从来都不需要决定某个既存的法律规则是不是一个好规则。但即便是在这样一种先例程序之下，当面临一个"初现案件"时，法院必须要制造一个注定会成为先例的规则。此外，由于先例原则要求法律规则一旦被制定出来就应当适用于随后所有的案件中，与其他裁决程序相比在这种程序中似乎更为重要的一点是法院会考虑与"在这类案件中最好用的规则是什么？"这一问题相关的所有证据。法院只能发现法律而不能创造法律，一旦我们抛弃了这种信念，就不可避免地会得出这样一个结论，即法院应当理智地形成这些规则。并且，如果存在一些经验性证据能够表明"何种规则是更加可取的"，那么再主张应当彻底地忽视这种证据就似乎有些荒诞不经了。

在衡平性裁决程序之下，将会需要一些大致类似的调查。因为，正如前面所指出的，只有给法官提供一些诸如诉讼当事人双方的个性、能力等方面的证据，我们才能够提出一种可辩护的衡平性裁决程序（如果真的能够提出这样一种程序的话）。然而，也可以说，为了支持一种衡平性程序，它要求法院尽可能做最少量的"立法性"判断。但是，这几乎很难构成一个接受这种程序的充分理由。

即便是那个较弱的要求——法院应当对其裁决给出一般性的理由——也意味着离开了经验性证据至少有一些理由是无法得到评价的，当我们意识到这一点时，禁止法官做出实质意义上的"立法性"调查所固有的危险将会更加明显地表现出来。因为，在某种程度上判决理由的说服力依赖于描述性命题的真伪，准确地说在某种意义上判决理由的妥适性离开了支持性的经验证据将无从确定。由此，尽管二阶程序的有用性（work-ability）确实部分地依赖于那些通常与案件裁判并不相关的行动，但这似乎仍然是在表明：如果法院以一种合理的和可辩护的方式裁决争议，那么在情势所需时它们就必须对这些行动进行此类调查。有些人可能会发现法官对于"事实"、经验性证据或科学假设的依赖是"有违法律的"（anti-legal），对此我们只 **158**

能这样回应他们：其他替代性的选择也不具有"合法性"（legality），相反只是一种未经审视的和不加批判的司法事业。

二阶证成程序的可欲性并不仅仅依赖于有关调查的性质和相关数据的可得性。因为，二阶程序往往可能会对法官被迫做出的各种评价进行限制。这个问题本身是重要的，对此人们很难阐释清楚也同样是很重要的。显而易见的是，如果允许法院修改既存的法律规则或者引入新的法律规则（在二阶程序之下通常就是这样），那么这种程序无法令当事人确信他们这个案子的裁决将不会受到一些"不适当"因素的影响。二阶程序既不能保证那个或那些承担评价以及正确适用法律规则的人毫无偏见，也不能保证那个或那些人无所不知。法官在估算规则的后果方面可能会出错。由于一些偏见或成见，他可能会引进一个从任何合理的理由来看都不正当的规则。或者，他可能会面对这样一个案件，对此似乎难以制定出来一个明显具有可欲性的规则。二阶证成程序并不能排除这些情形发生的可能性；但是它能够以某种方式减少由偏见、错误以及无知所产生的影响，而这一点是衡平性证成程序所做不到的。

不言而喻，这两种程序都要求法官做出评价。但是，"法官必须做出规范性的判断"这一命题，并不意味着应当鼓励他们去做各种各样的评价。我主张，更加可取的是鼓励法官做出那些为二阶程序而非衡平裁决程序所要求的各种评价。因为正如我们所已经指出的，允许法官决定保护家庭和睦是否可欲以及某个特定的证据规则是否有利于实现那一目的，这是一回事；而要求法官决定某个特殊的家庭是否值得保护，或者决定在何种程度上判决会使得某个特定的诉讼当事人陷入苦恼，这完全是另外一回事。[13]

在一定程度上，分析的重点可以放在历史性基础上。在一 **159** 定范围内，经验已经显示出了下述制度所固有的危险，即它允许法官对"作为个体的当事人双方中的哪一方能够更好地利用他的财产、天赋或生命"做出判断。为什么如此多的社会都坚持认为（比如说）立法机关应当制定针对某个阶层而非针对某个人的规则呢？这么做的理由或许依赖于对特殊性进行评价的不信任。或许也可能是因为，当人们赞颂"法律面前人人平等"时，他们所暗中诉诸的并不是"人们应当以同样的方式被对待"这个命题，而是"某个特定类别中的所有成员应当被给予类似

---

〔13〕　在最近一篇叫《迈向中立的宪法原则》的文章中，赫伯特·威克斯勒教授睿智地提出了一种裁判理论的轮廓，它看上去十分类似于我们此处所讨论的二阶程序。至少，他的一些观察与我们所提出的主张是特别相关的。威克斯勒教授的下述论断与我们现在所讨论的观点是尤其相关的，他说（诚然，那是在一个不同的语境中）："然而，那些将自己的判断依赖于眼前结果的人可能并没有意识到，他的立场隐含着法院可以任意地充当着一种赤裸裸的权力机构，并且将其视为法律上的法院——正如他经常模棱两可的那样——只是一个空洞的断言。如果当他了解到某个决定维持了由工会或纳税人、黑人或种族隔离主义者、企业或共产主义者所提出的主张时，他知道自己可能并不会赞同这样一个决定，那么如此一来他会默认下面的这个主张，即具有不同意见但却拥有同样信息的人仍然能够适当地得出他们所赞同的结论。"参见 Herbert Wechsler, "Toward Neutral Principles of Constitutional Law," 73 *Harvard Law Review* 1（1959），p. 12。

我们同意可以引用这篇文章，但却无须赞同赫伯特·威克斯勒教授对联邦最高法院最近的几个案子的解释，在他看来法院在这些案件中做出了这种判断。

的认可"这个主张。

在一个相关的方面，这两种评价之间的区别类似于我们先前所讨论的直觉性证成程序与理性证成程序之间的差异。在一般意义上法官应尽可能全面地详述其裁决所依赖的理由，如果我们承认这一点是可取的话，那么在这个意义上二阶程序将能够更加成功地实现这个目标。然而，这并不是说运用衡平性程序的法官在其书面判决意见中就不能清楚地表明判决理由。同时也不是说，法官根据衡平性的理由就无法清楚地表明他为何如此判决的理由。而这仅仅意味着至少存在着这样一种可能，二阶程序对法官应清楚地阐明其判决理由提出了更高的要求。因为，主张对某个裁决的证成应依赖于一些相关的、既定的法律规则，实际上就是要求法官明确地阐明其判决论证所依赖的全部前提。要求法官公开地阐明何种规则在他看来是最可欲的，阐明是什么使得这个规则具有正当性，以及阐明案件的裁决何以被认为是从这些命题中推导出来的，或许就是要求一些具有重要意义的东西。

正如我们已经好几次指出的那样，这种要求无法确保法官总是能够正确地挑选和适用最为可欲的法律规则。但是，它的确有助于确保那些法官相信那些能够使其裁决获得正当性的理由可以被明确地表达出来，并因此能够接受独立的审查和客观的批评。如果某个法官持有偏见或成见，或者仅仅只是无能并且十分虚伪，那么他无疑也能够将其裁决装扮成一种"像样的"

（respectable）二阶形式。但是要求该法官阐明其判决所依赖的规则以及正当化该规则的理由，仍然要求他说明为何做出那种分类，以及为何对那一特定类别中的主体或行为赋予那样的法律后果。而如果某个法官是尽心尽责的，二阶程序同样也有助于他决定自己所给出的判决理由事实上是否是一种可以被接受的充分理由。[14] 根据法律体系的要求应当如何对待这类案件？通过迫使法官追问该问题，二阶程序要求法官检视——以某种衡平性程序所无法运用的方式——以某种方式对待所有同类案件的明确理由是什么。

针对二阶程序的一些反对意见

在对二阶程序与衡平性程序的比较过程中，我们介绍和讨论了一些针对二阶程序所可能被提出来的反对意见。在此期间也提及或者有意地忽视了其他的一些反对意见，而现在必须要直面这些反对意见了。

第一个反对意见与下述问题有关，即二阶证成的要求是否只不过是一种更加简单的一阶程序的一个相当表面化和高度形式化的方案。特别是，根据我们在第六章中所提出的关于审慎

---

〔14〕 赫伯特·威克斯勒教授认为："在我所想象的某种意义上，一项原则性的决定（principled decision）建立在相对于案件中所有问题的理由的基础之上，并且这些理由的普遍性和中立性能够超越该案所涉及的任何眼前的结果。" See *ibid*., p. 19.

的有限功利主义与审慎的极端功利主义之间相似性的观点，可以说上文所论及的一切能够通过二阶程序——要求法院在每一个案件中都要考量以某种特定的方式裁决该案所可能带来的长远后果——获得更加简洁的表达。换句话说，我们可以说实质上与二阶程序相等同的可能是这样一种程序，该程序中的裁决规则规定：当且仅当那一裁决的所有重要后果比其他裁决的后果更加可欲，那么该裁决才是正当的。我们也可以说，迫使法**161**院根据二阶程序进行论辩的唯一功能在于促使法院将一些常见的法律规则作为可欲的规则加以接受，以及要求法官在那些应当依照既有规则进行裁判的案件中拒绝做出例外裁决——也就是引入新的法律规则。此外，为了使得裁决更加地令人信服，我们可以指出在那些二阶程序似乎能够产生一些重要作用的案件中——也就是在那些规则好像无法良好地运作的案件中，有力的初步证据表明：为了防止特定的不正义的出现，法院应当形成另一个或一套规则，它们对这类当事人或这类情形设定了例外。简而言之，通过采用类似于审慎的极端功利主义程序所得不到的那些结果，我们运用二阶程序同样也得不到。此外，如果采纳后一种程序，相比之下收获还是要多一些。

必须要承认的是，出于一些在前面第六章中所阐明的原因，在审慎的"极端功利主义"证成程序或一阶证成程序与审慎的二阶程序之间并不存在什么重要的理论性差异。但是，确实存在着一些支撑如下观念的实践性理由，这个观念认为二阶证成程序的要求并不是无关紧要的。

首先，如果认为在某个特定案件中明显的或真实的不正义必然意味着本来可以形成一些更好的规则或者本来可以提出一些更加可欲的规则，那么做出这个假定显然是错误的。如果它的论证是"二阶程序之所以是多余的，仅仅是因为每一个特定的不正义都将会导致一种新的例外"，那么前面所论及的贫困的寡妇与富有的抵押权人的例子便是一个很有力的反驳。即便一些针对贫困的寡妇与富有的抵押权人的特殊规则能够在二阶程序之下获得正当性，但这种规则可能仍然坚持对一些贫困的寡妇强制执行某些抵押权。一些寡妇可能仍然会被从已经设定了抵押负担的房产中驱赶出去，这仅仅是因为任何"不那么严厉的"（less severe）的规则可能会具有"让所有的寡妇丧失借钱的机会"的效果。

然而，综上所述，二阶程序似乎的确具有某种特定的形式主义特征。因为，一旦承认（我认为必须会承认）当我们能够 **162**
证成可以形成和适用某个新的、更加正当的规则时就应当修正既有的规则，如此一来"应当通过诉诸法律规则来裁决案件"这一要求似乎就没有那么重要了。倘若运用了一种先例裁决程序，那么便很好理解"裁决应根据法律规则而被证成"这一规定是如何真正具有实质意义的。因为，在这儿法律规则的性质决定了某个案件的裁决是否正当。但是，为了和每一种案情保持"适应"（fit），如果相关的法律规则可以被随意地、不确定地加以修改，那么"裁决应根据法律规则而被证成"这一规定显然是形式主义的，之所以这么说完全是因为"相关的"法律规则本身在诉讼开始之前并不必然就是已经确定的。

甚至可以说，以上这种对二阶程序的反对意见的阐述也并不是完全公平的。因为正如我们所已经看到的，二阶程序明确地主张：我们必须能够证成对新的、更加可欲的规则的引入是正当的。单单表明"应当对既存的规则设定一项例外"还不够；还应当证成那个被引入并意图取代旧规则的新规则本身是更加可欲的。除了这个论证以及前面所提出的用以支持二阶程序的其他论证之外，还有一种截然不同的论证——尽管它很显然只是一种实践性的论证，它直击所可能出现的各种例外问题，即从一般意义上讲何种例外情形应当被视为是正当的或不正当的。换句话说，还有一些尚未被阐明的其他原因，它们倾向于表明这样一种态度：不应当设定某些种类的例外，并且尽管某些既有的规则在特定个案中的适用会存在明显的困难也仍然不应修改这些规则。因此，现在必须以一种诚然并不精确和概括性的方式考虑一些支持不对法律规则设定某类例外的理由——它们与一种十分诡异的长期后果相关。

我们最好借助于一个极端的例子来引入对这些理由的讨论，这个例子能够说明我们先前针对二阶程序的可欲性所提出的许多观点，并且它也同样能够说明这些附加的理由所可能采取的形式。

在确认亲子关系的案件中产生了这样一个重要的问题，它 **163**
涉及血检证据在多大程度上应被视作是决定性的。根据相对简
单的遗传规律来看，一个孩子的血型遗传自他的父母。如果说
孩子的血型和母亲的血型都能确定，那么便能够将所有拥有某
些特定血型的男子排除出孩子的生父之列。如果说这些基因的
遗传规律完全不存在什么例外，那么至于是否应将一位推定的
父亲的血检视作是能够决定性地证明他就是那个孩子生父的证
据则是不成问题的。但不幸的是，现实中血型的遗传并不总是
完全符合这些遗传规律。尽管不符合遗传规律的例外情况只有
在极少数情形下才会出现，但是在孩子身上是有可能发生基因
突变的，从而这个孩子从一生下来就带有一个与自己父母的血
型"不一致"的血型。由此，至少会有这样一种可能，如果认
为这种证据具有决定性，那么一位被指控生了一个孩子的人也
可能会被证明是无辜的（由于孩子出生时基因发生突变，导致
他与生父的血型并不一致，因此如果严格按照遗传规律来推断，
那么这个男人必定不是孩子的生父，因此相应的指控也就变得
不再成立——译者注），尽管他事实上就是那个孩子的父亲。

我们已经证明，在任何确认亲子关系的案件中血检结果保
持正确的最低概率是99%。在最不利的情况下，仅仅基于血检
所得出的一个非亲生的结论在每100个案件中有99个是正确的。

考虑到这些数据，刚刚所提出的那个问题实际上就是决定
在多大程度上血检证据在法律上可以被看作是决定性的。如果

说血检在遗传学上并不是那么的确定，那么我们似乎可以得出这样一个结论，血检在法律上的决定性应当能够反映这种不确定性。因为，如果将血检当作是法律上具有决定性的证据来看待，100个孩子中就有1个找不到自己的生父，这仅仅是因为孩子真正的父亲否定了这种亲子关系，并且否定这个血检"出了错"。

在一篇颇有洞见的文章（它所处理的就是由这种现实中所可能发生的错误引发的难题）中，阿尔夫·罗斯提出了一个赋予血检以法律上确定性效力的例子。并且，尽管他明显是以长远后果的措辞表达了那个论证，我认为它也是一个对诸如对这些长期后果之二阶考量的隐性论证（implicit argument）。

如果说证据规则的最终目的是让尽可能多的案件得到正确地裁决，那么以尽可能接近真实的假定事实为基础便肯定可以
164 得到这样的结论：在所有涉及亲子关系的案件中，对血检结果的排除必须被认为是一种无条件的和绝对的证据。该规则要求：法官应避免通过考虑由孩子母亲所提供的相反证据而对证据进行个别化评价，以表明不存在其他亲子来源的可能。如果那个裁决的法律确定性被估算高达99%并且每年有20个那样的案件发生，如果承认血检证据是一种绝对性的证据，那么法官在这种案件中做出正确裁判的概率是99%。对证据进行个别化评价的目的在于能够准确地发现这样一种（每隔5年会发生1次的）案件，在这种案件中不管血检之外的其他证据如何，母亲都是

真正的母亲，而父亲终究事实上也是孩子的父亲。然而，由于这 100 个案件并不是同时产生并被提交法院裁判的，而是在 5 年间相继出现在不同的法官面前，如此一来就不可能在它们之间进行比较并选择出其中最值得信赖的案件。对证据进行个别化评价将不可避免导致这样一种结果：在 100 个案件中至少有 1 个以上的案件会搁置血检，这意味着法律裁决的平均正确率将会有所降低。比如说，如果在 100 个案件中有 10 个案件拒绝接受血检，那么其中 9 个案件的裁决将是错误的，并且在这个 100 个案件中只有 91 个而非 99 个案件的裁决是正确的。

强烈关心个案并且一心只想在特定案件中尽可能做出公正裁决的法官可能会倾向于考虑以下证据，诸如"贤惠的妻子"可能会提出保护其婚姻、孩子以及自身名誉的证据，或者诸如未婚母亲（unmarried mother）可能会提出赢得对孩子抚养权的证据，这是可以理解的。但是，为了那个假定的最终目标以及那个证据规则的目的，我们仍然必须坚持：应当拒绝对证据进行个别化评价。毋庸置疑，个别化评价必将导致相当多的不正确裁决，而由于担心对一位无辜的母亲做出一个不正义的裁决，所以不正义的结果将会被施加给那些声称自己是孩子父亲的人（alleged fathers）。[15]

---

〔15〕 Alf Ross, "The Value of Blood Tests as Evidence in Paternity Cases," 71 *Harvard Law Review* 466 (1958), 482–483.

在这种关于血检具有决定性效力的论证与之前提及的不应基于衡平性的理由裁决抵押案件的论证之间，存在着明显的相似性。但是，血检的例子表现了一种更强的观点。从本质上说，罗斯的论证仅仅是这样的：如果法院不赋予血检以决定性的效力，那么与始终将血检作为决定性的证据相比它们将会犯下更多的错误。由此，尽管这一规则的连贯运用将会导致一些"糟糕"的结果，但是仍然应当将该规则适用于所有的案件中，这仅仅是因为：考虑到人类目前的智识状况，与其他可供选择的程序相比它能够产生更少的糟糕结果。有趣的一点是，"在某些案件中会产生不正义的结果"这个事实并不支持下述命题，即为了避免这些不正义的出现，眼下我们可以制定一些新的、更加复杂的法律规则。赋予血检以决定性效力的法律规则尽管不能以一种完全令人满意的方式适用于所有的案件，但其仍然是最具有正当性的规则。

在先前关于贫穷的寡妇与富裕的抵押权人的讨论中，我们曾经提出二阶程序对下面的这个问题存而不论，即一些对贫穷的寡妇予以特别考虑的新规则是否不如那个不做此种区别对待的规则更加可欲？血检的例子并没有表明必然不应制定出此种规则。但是，它确实提请我们注意其他两种因素，这些因素是法官在引入这种例外之前都应始终考虑的。第一种因素与那些相对来说几乎不具有什么一般性的规则的引入相关。正如法官在一个涉及亲子鉴定的案件中无法从 100 个案件中单单"挑出"

一个发生基因突变的案件，因此我们同样也可以说法官在一个抵押案件中也无法十分成功地"挑出"那些例外的情形——在这些情形中，应当适用一个与普通的抵押交易规则不同的规则。如果存在着一些在一般意义上明显具有可欲性的抵押规则，我们依旧可以认为，与法官试图区分出那些创制规则的长期后果是不可欲的案件相比，如果他在所有案件中始终都适用那一规则，那么他将会做出更少的糟糕判决。因为，能够确认是否出现了一种涉及强制执行抵押权的情形，这是一回事；而能够挑出那个或那类应当给予寡妇以特别对待的案件，则或许是另外一回事。然而，这种论证永远都不是先验地拒绝为规则设定例外的完全具有说服力的理由。但是它的确指出了这样一点，即适用那些几乎不具有一般性的规则的长远后果之一就是这种错误可能会变得越来越普遍。这至少是另一种长期的后果，是我**166**们在对任何新的、几乎不具有一般性的规则的证成中所应当发现的明确性理由。

　　我们同样也可以提出一个和霍金斯案所提出的问题相关的观点。因为那个案件给我们留下了一个值得进一步思考的问题，即制定出一些不包含夫妻特权内容的规则是否比最高法院所接受的那一规则更加地具有可欲性。并且，事实上，查尔斯·麦考密克*至少是证据法领域的一个公认的权威，在他看来应当对特权的范围加以限缩。他主张：

> 根据成文法、法院规则或裁决规则，一个解决方案是应意识到特权并不是绝对的而是受到限制的，如果初审法官在审判的过程中发现某些交流的证据（evidence of the communication）是必需的，那么他们必定会放弃运用特权规则。当法官认为必要时，他就会保护军事秘密。也就是说，当交流试图确立的一些重大事实在实质上不容被否定或者被其他证据所合理地证成时，他们就会这么做。[16]

根据我们在这一章中所已经讨论的内容来看，这种解决方案与二阶程序的规定是一致的，这一点是非常明显的。因为它所提出的是一个应当被适用于所有案件的规则，其依据在于该规则无可争议地是有关夫妻特权的最为可欲的规则。然而，鉴于我们刚刚所提出的观点——制定包含太多例外情形的规则将不可避免会导致一些危害后果，能够用以批判麦考密克的那种解决方案的理由也是显而易见的。也就是说，如果我们承认夫

---

* 查尔斯·麦考密克（Charles T. McCormick, 1889—1963），美国证据法权威，曾执教于得克萨斯大学奥斯汀分校、北卡罗来纳大学以及西北大学，并出任过得克萨斯大学奥斯汀分校法学院院长和北卡罗来纳大学法学院院长一职。——译者注

〔16〕 Charles T. McCormick, *Handbook of the Law of Evidence*. St. Paul, Minn.: West Publishing Co., 1954, p. 180.

妻特权规则是可欲的（至少在缺乏其他情形时是这样），那么人们必定会提出这样一个问题：是否能够容易地和准确地确定那些使得该规则变得不具有可欲性的其他情形。在一种最起码的意义上，只要能够证明：与始终将特权规则贯彻到底相比，法官在决定何时不应允许使用特权规则的过程中会犯更少的错误和产生更小的危害，那么也便证明了麦考密克的解决方案比在霍金斯案中所接受的那种不受限制的特权更加地具有可取性。假定我们接受麦考密克的基本前提，即当一些重大事实无法通 **167** 过其他证据合理地证成时就不能允许使用特权规则。我们仍然还需要进一步证成的是，在为数众多的案件中能够通过以下方式准确地确定这种条件的存在，即加大在那些本应适用特权规则的案件中而拒绝适用该规则所可能带来的风险。

值得再一次重申的是，这一论证绝不意味着我们不应当以新规则的形式设定某些例外，也不意味着允许法官行使"自由裁量权"的规则与二阶程序是不相符的。该论证仅仅意味着，除了我们所已经提出的那些捍卫二阶程序具有可欲性的理由之外，可能还存在着一种被用来支持不应对法律规则设定这种例外的理由。并且，要求裁决通过诉诸相关的法律规则而被证成，对于更加直接地展示这些另外的理由具有实际的效果。

第二个论证与我们前面提到的一个论证相关，它直击"对于法律规则应当设定何种例外"这个问题。正如我们所已经看到的，由于正确地适用包含太多例外的规则的可能性会降低，所以它也经常会受到批评。包含了一种不同种类之例外的规则也可能会受到批评，理由是它们所作出的那种例外规定是"错误的"。此处，问题的关键十分类似于我们先前在讨论证据的性质时所提出的一个观点，它必然与衡平性裁决相关。因为，衡平性裁决规则要求当且仅当某个裁决能够给双方当事人带来最大的快乐和最小的不满时，该裁决才是正当的。然而，我们很难理解诸如当事人的财富状况、年龄、辨识力、才能以及实际上被卷入诉讼的可能性等何以能够或应当被看作是与做出一个公正裁决无关的要素。但是，正是这类因素被认为是法律体系**168** 所不应关心的内容。[17] 基于我们刚刚所考虑的那些主张，很显然它们之间存在着一些类似的论证——这些论证建立在一种对长期后果进行考量的基础上，它们都将某类特征看作是法律上不相关的因素。实质上，该论证仅仅是这样的：如果法院经常性地拒绝对某种个别特征进行评价，那么与尝试考虑这些因素相比，从长远看它们将能做出更加具有可欲性的判决。可能也存在着这样一些案件，其中双方当事人的财产状况应当成为一个相关的考量因素。但这是可能的，以至于在某些案件中，尽管对于拒绝将当事人各方的财产状况作为一个相关的考量因素已经存在着明确的理由，但法官仍然可以对这种理由置若罔闻，从而使得当事人的财产状况在这些案件中成了一个决定性的

---

〔17〕 参见 Herbert Wechsler, "Toward Neutral Principles of Constitutional Law," 73 *Harvard Law Review* 1（1959），12。

标准。

现在可能会有人问，以上所讨论的这些内容与二阶证成程序所要求的可欲性有什么关系呢？答案是这样的，通过坚持法官应当根据二阶程序裁决案件，通过主张法院应当形成和适用最具有可欲性的法律规则，二阶程序便会要求对这些例外情形给予明确的论证。由于二阶程序迫使法院阐明可适用的规则，因此它要求法院证成受那个规则所调整的某个类别中的所有案件都应当以某种特定的方式被处理，因为它们都具有那个特定类别的一般特征。

要是有人主张前面所有的讨论都是无关的就好了，因为法院所要考虑的仅仅是那些"在法律上相关的"要素。然而不幸的是，我们似乎不可能先验地决定某个特征在法律上是否是相关的。事实上在很长的一段时间内人们认为儿童和其他的非法入侵土地者并没有什么两样，但这并不必然意味着一个特殊的关于儿童入侵土地的规则不如包含对象更广的规则（inclusive rule）更可取。[18] 同样地，夫妻特权通常是可欲的，这一事实也并不必然意味着我们不应对"娼妓与拉皮条客者之间的婚姻"进行区别对待。并且，由于"何种类别的因素在法律上是相关的或无关的"既不是固定不变的也不是确定无疑的，法律规则**169** 所应作出的各种分类便无法一劳永逸地被限定下来。由此，我们能够做的就是指出这样一个事实，即在某些做出不同区分的规则应被视作裁决某个案件的充分理由之前，还应当十分谨慎地考量其他一些理由。单单二阶程序就具有要求明确地阐明所有这些区分的优点。

很显然，前面对于二阶程序的讨论——尤其是，紧接着对一些反对意见的考虑——同样也是对"道德规则在裁判过程中

---

〔18〕 比如说，请参见埃德蒙·卡恩针对区别对待某些"诱惑性侵害"（attrac-tive nuisance）案件——也就是说是这样一些案件，一些儿童为了到他人的机器上玩耍而非法侵害了他们的财产（通常是铁路公司的财产），并且在玩的过程中这些儿童受到了伤害——所提出的论证理由。卡恩提出，我们应当将儿童与其他普通的非法侵入者区别对待，这是因为：

"当一个儿童打量周围的世界时，他看到了一些自己以后可能再也不能看到的东西，这是因为他的视野尚未被过去的联想所遮蔽，同时也未被指向未来的动机而限制……年轻人有年轻人的权利，也就是说他们可以活得热情洋溢和自由洒脱，他们对周围的观察并不服从一些紧要的长远目的，而完全纯粹地只是为了观察而已……

"这些原始的能力显示了儿童有权利达至最终的成就，如果成人的世界在某种程度上无法认识到这一点的话，那么它至少应当注意到正是这种本能构成了成人诗人和科学家的核心和精髓。儿童享有作为儿童的权利，他们可以无视时间的存在，也可以随心所欲地像玩弄其他东西一样玩弄语言游戏或者像摆弄玩具一样玩弄其他东西——这种权利既在道德上是有效的也在社会上是有益的。在该权利所可能被认识和保护的范围内，某些新的义务必然降临到成人世界中的成员身上。"参见 Edmond N. Cahn, *The Moral Decision*. Bloomington, Indiana: Indiana University Press, 1955, pp. 73–74。

是否有一席之地"这个问题的一个回答。因为，如果下述主
张——道德规则应当发挥着一种重要的作用——意味着存在一
些比法律规则更加具有可欲性的道德规则，那么二阶程序很显
然允许法官在裁判中引入这种规则。在二阶程序之下，由于法
律规则的类别无法被先验地划定或限定下来，因而似乎就没有
什么理由能够解释为什么那些规则——明确无疑它们属于道德
规则，而且它们也是裁决某类特定案件的最为可欲的规则——
不能够被引入法律体系之中，从而使得某些种类的案件的裁决
应当根据这些规则获得正当性。比如说，如果一个人能够令人
信服地指出：某个道德规则——它要求人们应当对明显处于险
境之人伸出援手——作为一种潜在的法律规则要比既有的那个
不对素不相识的陌生人施加此种义务的法律规则更加地可取。
如此一来，似乎就没有其他什么特别的理由能够解释为何不能
将这种道德规则引入法律体系。问题的关键仅仅是，某个规则
是道德规则这一事实并不能阻止将其制定成一个法律规则——
当然了，倘若这个道德规则能够满足二阶程序施加给所有规则
的正当性条件。只要证成这个道德规则是能够适用于该类案件
的最佳法律规则，只要证成根据那个道德规则所做的裁决要比
根据其他任何规则所做的裁决能得到更加可欲的后果，二阶程
序就能确保单单那个道德规则便应当被看作是以其所规定的某
种方式裁决此类案件的充分理由。

　　最后，我们还必须要认识到，"根据某些道德规则或原则裁

170 决案件"这一主张可能还有一些其他的意义。大体来说，它还可能拒绝那种功利主义的论证，而不是接受通过那些本身基于功利主义理由而获得正当性的道德规则所进行的论证。同样地，对这种主张进行评价，并不在本研究的范围之内。因为从一开始，我们就假定法律体系应当发挥着一种十分重要的功利主义的功能。然而，我们不必认为这种主张和先前我们所提出用以支持二阶证成程序具有可欲性的论证存在矛盾，认识到这一点是至关重要的。同时，这种主张也并不必然使得先前的那些论证变得无关紧要。因为，如果我们主张法律体系应发挥一种不同于功利主义的功能，那么提出下面这个问题仍然是有意义的：如果某种程序将对那一功能的解释作为评价特定裁决的标准，那么它是否要比将对那一功能的解释作为论证特定法律规则的理由的程序更加具有可欲性。本章的论证能成功地表明对各种后果加以考虑所产生的结果，并且它们十分有说服力地说明了这些理由应当以何种方式被加以考虑，在这个意义上它们似乎至少部分地独立于一种对法律体系的功利主义功能的接受。假定法律体系应发挥一些十分有益的功能，追问"对二阶证成程序的采纳是否是实现那一目标的最佳方式"这一问题仍然是有意义的。并且，如果这仍然是一个有意义的问题，那么对二阶程序所做的那些论证并不必然或很快对公然引入一种非功利主义的功能失去说服力。

由此，尽管对此种道德规则的引入可能会要求我们修正先前所提出的一些提议以及得出的相应结论，但是对于是否需要对本章的基本命题做出根本性的修正目前还不甚明了。而除非所要采纳的道德原则明确地将功利原则所赞成的许多种后果看 **171** 作是不可欲的，否则下述假定仍然是十分合理的，即认为用以支持二阶程序的那些论证即便在这种不同的道德语境下仍然是恰当的。

一种非功利主义的法律体系不管在何种程度上将二阶程序看作是可欲的，都应当重申这一点：即便是在一种具有功利主义本质特性的法律体系内，二阶证成程序对于案件应被如何裁判这个问题而言也不是一种放之四海而皆准的解决办法。它并不是包治百病的灵丹妙药，不能一次就将那些从事司法事业的工作者所必然遭受的一切痛苦都驱除殆尽。它的精心构思（articulation）甚至也可能并不暗示着司法行为的性质能够发生一场引人注目的革新。相反，它是一种将其他替代性裁决模式中的更加可取的特点引入某种系统性程序的尝试。二阶程序在下面这一点上与先例裁决程序是相似的，二者都主张个别的裁决可以通过诉诸相关的法律规则而获得正当性。与先例裁决程序不同的是，二阶程序坚持单单提出某个既存的规则还尚不足以构成裁决的充分理由。与衡平性裁决程序类似的是，二阶程序要求对正义或功利的考量和裁决的论证是相关的。而与衡平性裁决程序不同的地方在于，它要求对于正义或功利的考量应当和对规则的证成相关，而不是与对特定裁决的证成相关。事实上，二阶程序和那种经常被描述成法院事实上所通常运用的证成程序是十分相似的。因为，它可能与那种程序——在该程序中，除非有"充分的理由"（sufficient reason）偏离某个既存的法律规则，否则该规则就应当被遵守——是难以区分开的。

如果我们此处所描述和检讨的二阶程序与那种程序是不同的，那么在很大程度上是因为这样一个事实，即"充分的理由"这个概念已经被赋予了一种更加有意义的和实质性的内容。

第八章

结　　论

真正说来，本研究一直尝试着回应下面的这个问题，即理
性或逻辑在司法裁决过程中是否应当发挥一种重要的作用。为
此，我们已经检讨了有关在法律中使用逻辑以及理性的各种主
张，而且我们也描绘和评价了三种一般性的司法裁决证成程序。
此外，我们还得出了这样一个结论：尽管二阶程序本身并不是
十全十美的，但它却能够最佳地体现其他任何法律论证程序所
应拥有的特征。强调法院应当运用一种二阶证成程序，实际上
就是主张一种理性的裁决程序既是可能的又是可欲的。

我们或许应当再一次地重申，至少在两个重要的面向上，
一种"理性"裁决程序的某些特性可以被正确地归之于二阶证
成程序。首先，在任何一个特定的裁决被认为是真正公正的之
前，必须证成它在形式上是能够从一些法律规则中推断出来的。
在这里，将会运用一些日常的逻辑准则来决定所得结论事实上
是否是从已被选择的前提中推导出来的。在这种意义上主张法
律论证应当是合乎逻辑的，这种要求实际上与大多数其他种类
的论证或证成大同小异。但是，尽管我们对这种合乎逻辑的要

求已经十分熟悉，但是这并不应当成为我们忽视它的借口。与某个论证的形式有效性相关的一些问题，尽管可能只是一种对预设前提的实质可欲性的初步检讨，但它们在所有先决问题 **173**（preliminary question）中却是最为重要的。要求司法裁决应当是能够从法律规则中推导出来的，并不仅仅只是坚持某个论证在形式上不应出现谬误。因为，它同时也是为了确保进一步对论证之前提的批评和评价成为可能；此外，还要求法官应当明确阐述裁决的依据，以便能够让人们理解它们的内容并证实它们的正确性。在这种意义上要求证成程序应当是合乎逻辑的，还尚不能确保将要得到的裁决是公正的；但是它的确让我们看到了这样一种希望，即旨在使得裁决获得正当性的那些理由可以受到独立的审查和客观的证实。

其次，在任何一个特定的裁决被认为是真正公正的之前，必须要证成该裁决所赖以获得正当性的那个规则自身也是可欲的，并且要证成在既有的法律体系内引入该规则是拥有正当理由的。二阶程序明确地要求，只有那些前提（亦即那些法律规则）——它们的实施被认为有助于产生对社会有益的后果——才能够被算作是作出个别司法裁决的充分理由。经验研究的方法不仅对于理性的法律论证的产生是重要的，而且对其他任何依赖于描述性主张之真假的社会程序的成功运作也是同样重要的。具有理性说服力的论证对于提出值得赞许的法律理由来说是必要的，同样它们对于为任何其他具有规范性意义的裁决的辩护也是必要的。

因此，一种明确运用二阶证成逻辑的法律论证程序，在这两个至关重要的方面完全是理性主义的。

在某种真正的意义上，本研究也一直力图评价二阶证成程序与下述这个主张之间的关系，该主张认为法律裁决过程应当是实用主义的、社会学的、现实主义的或"自由的"。说实话，实现这一任务并非易事。因为，正如我们所一直指出的那样，一方面是普遍地呼吁建立这样一种法学（实用主义法学、社会法学、现实主义法学或自由法学——译者注），而另一方面并没有提出一种对于此类程序大体上应如何操作的配套解释。

如果对司法裁判问题的一种新进路（approach）的需求意味 **174** 着刚刚讨论的那种理性的司法评价在裁决过程中无一席之地，那么对二阶证成程序的倡导便和新近哲学思想中的一些原则存在矛盾。法院应当现实主义地或"自由地"裁判案件，如果这种要求意味着法院不能也不应当诉诸那些作为裁决根据的规则、原则或观念，那么对二阶程序的接受很显然无论根据事实性理由还是规范性理由都要求我们拒绝那种现实主义或"自由的"裁决程序。如果"法律的生命一直在于经验而非逻辑"这一主张意味着——正如某些人所设想的那样——直觉性的反应或本能的反应可以被视为可靠的信号，它提示我们已经获得了一个正当的司法裁决，那么我们只能再次重申采纳了这些标准的证成程序是站不住脚的。在这种意义上，上述研究是公然地对抗性的和有意地改革性的。

然而在另一种意义上，整个研究——尤其是对二阶证成程序的拥护——可以被看作是对新近哲学思想的一种阐释。比如说，主张"为人们所感受到的一个时代的迫切需求、主流的道德和政治理论……（以及）法官与其同行们所共持的偏见，在决定赖以治理人们的规则方面的作用要远远超过三段论推理"[1]，可能仅仅意味着法律规则经常是基于一些不当的理由而被选择出来的，或者在诸多事物当中形式逻辑并不是一个能够对这些规则是否正确或可欲进行评价的方法。对于这一点，二阶程序并没有什么异议。更确切地说，它自身就尝试更加准确地说明规则赖以被适用或推翻的理由。如果说对于"机械的"或"演绎的"裁决程序的反对仅仅是一种对不加分析或批判就接受既存规则或原则的攻击，那么二阶程序可以被理解为这样一种方法，借此人们能够对既存规则进行批判性的接受或拒绝。

175　　在二阶证成程序赋予法律规则的功能与实用主义法学或经验性法学所提议的那种功能之间并没有什么明显的不一致。

在某个司法裁决中所宣布的法律规则只能成为一种"工作假说"（working hypothesis），日后根据经验可以慢慢证实它究竟是合理的还是不合理的。由于对霍姆斯大法官来说法律意味着

---

〔1〕 Oliver Wendell Holmes Jr., *The Common Law*. Boston: Little, Brown, 1881, p. 1.

一种对法院将要如何判决的预测；如此一来对实用主义的法官来说，公正的法律便意味着对于何者在大体上或整体上能够产生最令人满意的或最可欲的后果的预测。[2]

很明显，对二阶程序的坚持似乎不可避免地要求应将法律规则看作是"工作假设"。事实上，我们在上一章所提出的那些论证，就是专门用来更加仔细地阐释这种"大体上的或整体上的观点"包含什么内容。

同样地，如果一种社会学化的裁决程序是这样的，即其中能够从所有经验调查领域获取的最佳证据构成了法律规则赖以被制定或评价的基础，那么在某种程度上二阶程序本身就是社会学化的。它明确地主张只有这种证据才具有相关性。

由此，这一研究所得出的结论与对当代法哲学的两种阐释中的第一种是大相径庭的。在我们认为的那种最具有可欲性的裁决程序中，特殊主义的（particularistic）或非理性的论证并无一席之地。然而，本研究所得出的结论无疑是和第二种阐释相一致的。但这仅仅是因为，二者都声称自己从属于一种更为古老和被更加稳固地确立的哲学传统——该传统明确地称颂理性论证的成效和开明行为的价值。

---

〔2〕 F. V. Harper, "Some Implications of Juristic Pragmatism," 39 *International Journal of Ethics* 269（1929），273-274.

参考文献

Allen, Carleton Kemp. *Law in the Making*. Oxford: Clarendon Press, 1951 (5th ed.).

Aristotle. *Nicomachean Ethics*, Trans. W. D. Ross in The Basic Works of Aristotle. New York: Random House, 1941.

Austin, John. *The Province of Jurisprudence Determined*. New York: The Noonday Press, 1954.

Beard, Charles A. *An Economic Interpretation of the Constitution of the United States*. New York: Macmillan Co., 1913.

Berlin, Isaiah. "Equality,"56 *Proceedings of the Aristotelian Society* 301 (1956).

Black, Henry Campbell. *Handbook on the Law of Judicial Precedents; or The Science of Case Law*. St. Paul, Minn.: West Publishing Co., 1912.

Bodenheimer, Edgar. "Analytic Positivism, Legal Realism, and the Future of Legal Method,"44 *Virginia Law Review* 365 (1958).

——. "Law as Order and Justice,"6 *Journal of Public Law* 194 (1957).

Brandt, Richard B. *Ethical Theory*. Englewood Cliffs, New Jersey: Prentice-Hall, 1959.

Brown, Stuart M., Jr. "Utilitarianism and Moral Obligation,"61 *Philosophical Review* 299 (1952).

Cahn, Edmond N. *The Moral Decision*. Bloomington, Indiana: Indiana University Press, 1955.

—— . *The Sense of Injustice*. New York: New York University Press, 1949.

Cardozo, Benjamin. *The Nature of the Judicial Process*. New Haven, Yale University Press, 1921.

—— . *The Paradoxes of Legal Science*. New York: Columbia University Press, 1928.

Cohen, Morris. *Law and the Social Order*. New York: Harcourt, Brace, 1933.

Dewey, John. "Logical Method and Law,"10 *Cornell Law Quarterly* 17 (1924).

Dias, R. W. M., and G. B. J. Hughes. *Jurisprudence*. London: Butterworth and Co., 1957.

Dickinson, John. *Administrative Justice and the Supremacy of Law*. New York: Russell and Russell, 1959.

Ehrlich, Eugen. "Judicial Freedom of Decision: Its Principles and Objects,"in *Science of Legal Method*. Modem Legal Philosophy

Series. Boston: The Boston Book Co., 1917.

Ellenbogen, Henry. "The Doctrine of Stare Decisis and the Extent to Which It Should Be Applied," 20 *Temple Law Quarterly* 503 (1947).

Frank, Jerome. *Law and the Modern Mind*. New York: Tudor Publishing Co., 1936.

Fuller, Lon L. "Positivism and the Separation of Law and Morals—A Reply to Professor Hart," 71 *Harvard Law Review* 630 (1958).

Gmelin, Johann Georg. "Dialecticism and Technicality: The Need of Sociological Method," in *Science of Legal Method*. Modem Legal Philosophy Series. Boston: The Boston Book Co., 1917.

Goodhart, Arthur L. "Case Law in England and America," 15 *Cornell Law Quarterly* 173 (1930).

——. "Precedent in English and Continental Law," 50 Law *Quarterly Review* 40 (1934).

Harper, F. V. "Some Implications of Juristic Pragmatism," 39 *International Journal of Ethics* 269 (1929).

Hart, H. L. A. "Positivism and the Separation of Law and Morals," 71 *Harvard Law Review* 593 (1958).

——. "The Ascription of Responsibility and Rights," in *Logic and Language* (first Series), ed. by Antony Flew. Oxford: Basil Blackwell, 1952.

Hobbes, Thomas. *Leviathan*. Ed. Michael Oakeshott. Oxford: Basil Blackwell, 1957.

Hoebel, Edward Adamson. *The Law of Primitive Man*. Cambridge, Mass.: Harvard University Press, 1954.

Holdsworth, William S. "Case Law," 50 *Law Quarterly Review* 180 (1934).

Holmes, Oliver Wendell, Jr. *The Common Law*. Boston: Little, Brown, 1881.

——. "The Path of the Law," 10 *Harvard Law Review* 457 (1897).

Hume, David. *A Treatise of Human Nature*. Selby – Bigge ed. Oxford: Clarendon Press, 1888, 1958.

Hutcheson, Joseph C., Jr. "Lawyer's Law and the Little, Small Dice," 7 *Tulane Law Review* 1 (1932).

——. "The Judgment Intuitive: The Function of the 'Hunch' in Judicial Decision," 14 *Cornell Law Quarterly* 274 (1929).

Kantorowicz, Hermann. "Some Rationalism about Realism," 43 *Yale Law Journal* 1240 (1934).

Kelsen, Hans. "The Pure Theory of Law," 50 *Law Quarterly Review* 474 (1934).

Kocourek, Albert, and Harold Koven. "Renovation of the Common Law Through Stare Decisis," 29 *Illinois Law Review* 971 (1935).

Levi, Edward H. *An Introduction to Legal Reasoning*. Chicago: The University of Chicago Press, 1949.

Llewellyn, Karl. "Case Law," *Encyclopedia of the Social Sciences*, Vol. 3. New York: Macmillan Co., 1930.

——— . *The Bramble Bush*. New York: Columbia University School of Law. 1930.

——— . "The Rule of Law in Our Case-Law of Contract, "47 *Yale Law Journal* 1243 (1938).

——— . "The Status of the Rule of Judicial Precedent, "14 *University of Cincinnati Law Review* 208 (1940).

McCloskey, H. J. "An Examination of Restricted Utilitarianism, "66 *Philosophical Review* 466 (1957).

McCormick, Charles T. *Handbook of the Law of Evidence*. St. Paul, Minn. : West Publishing Co., 1954.

——— . *Handbook on the Law of Damages*. St. Paul, Minn. : West Publishing Co., 1935.

Melden, A. I. "Two Comments about Utilitarianism, "60 *Philosophical Review* 508 (1952).

Moschzisker, Robert von. "Stare Decisis in Courts of Last Resort, "37 *Harvard Law Review* 409 (1924).

Nowell-Smith, P. H. *Ethics*. Harmondsworth, Middlesex: Penguin Books, 1954.

Oliphant, Herman. "A Return to Stare Decisis, "14 *American Bar Association Journal* 71 (1928).

Patterson, Edwin. *Jurisprudence: Men and Ideas of the Law.* Brooklyn: The Foundation Press, Inc., 1953.

Phelps, Charles Edwards. *Elements of Judicial Equity.* Baltimore: King Brothers, 1890.

Pomeroy, John Norton. *A Treatise on Equity Jurisprudence.* San Francisco: Bancroft–Whitney Co. ; Rochester, New York: The Lawyers Co–operative Publishing Co., 1918. (4th edition).

Pound, Cuthbert W. "Some Recent Phases of the Evolution of Case Law, " 31 *Yale Law Journal* 361 (1922).

Pound, Roscoe, "Justice According to Law, "13 *Columbia Law Review* 696 (1913).

—— . "Mechanical Jurisprudence, "8 *Columbia Law Review* 605 (1908).

—— . "The Call for a Realist Jurisprudence, "44 *Harvard Law Review* 697 (1931).

—— . "The Decadence of Equity, "5 *Columbia Law Review* 20 (1905).

—— . "The Theory of Judicial Decision, "36 *Harvard Law Review* 641 (1923).

Radin, Max. "Case Law and Stare Decisis: Concerning Praiudizienrecht in Amerika,"33 *Columbia Law Review* 199 (1933).

—— . *Law as Logic and Experience.* New Haven: Yale University Press, 1940.

—— . "The Method of Law,"*Washington University Law Quarterly* 471 (1950).

Rawls, John. "Two Concepts of Rules,"64 *Philosophical Review* 3 (1956).

Restatement of Contracts. St. Paul, Minn.: American Law Institute Publishers, 1932.

Ross, Alf. "The Value of Blood Tests as Evidence in Paternity Cases,"71 *Harvard Law Review* 466 (1958).

Rueff, Jacques. *From the Physical to the Social Sciences.* Introduction by Herman Oliphant and Abram Hewitt Baltimore, Johns Hopkins Press, 1929.

Salmond, John W. *Jurisprudence.* London: Sweet and Maxwell, 1957. (11th ed.)

—— . "The Theory of Judicial Precedents,"16 *Law Quarterly Review* 376 (1900).

Schoch, M. Magdalena (ed.). *The Jurisprudence of Interests.* Introduction by Lon L. Fuller. Cambridge, Mass.: Harvard University Press, 1948.

Smart, J. J. C. "Extreme and Restricted Utilitarianism,"6 *Phil-*

osophical Quarterly 344 (1956).

Stoljar, S. J. "The Logical Status of a Legal Principle, "20 *University of Chicago Law Review* 181 (1953).

Stone, Julius. *The Province and Function of Law*. Cambridge, Mass. : Harvard University Press, 1950.

Toulmin, Stephen. *The Place of Reason in Ethics*. Cambridge, England: Cambridge University Press, 1953.

Urmson, J. O. "The Interpretation of the Philosophy of J. S. Mill, "3 *Philosophical Quarterly* 33 (1953).

Wade, H. W. R. "The Concept of Legal Certainty, "4 *Modern Law Review* 183 (1941).

Wechsler, Herbert. "Toward Neutral Principles of Constitutional Law, "73 *Harvard Law Review* 1 (1959).

Williams, Glanville L. "Language and the Law, "61, 62 *Law Quarterly Review* 71 (1945).

索 引 *

---

* 索引中的页码为原书页码，即本书中文版页边码。——译者注

译后记

　　最早在国内学者的一篇文章中看到这本书的名字，当时通过检索发现只有武汉大学哲学系的图书资料室收藏了这本书。2013 年 12 月借在武汉大学法学院参加第九届全国法学理论专业博士生论坛之际，委托武汉大学的师友去哲学系查找此书，很遗憾没有找到，只好就此作罢。

　　2014 年 8 月受留学基金委资助，前往美国南加州大学法学院从事访问研究，在法学院图书馆第一次看到了这本书的"真面目"，很快就被目录和内容吸引住了，回到住处当即在美国亚马逊网站上下单了一本二手书。我当时正在写作司法裁判主题相关的博士论文，这本书对我的研究有十分重要的参考意义。于是我决定一边翻译一边写论文，一来可以学习新知识，二来还可以打发时间。不知不觉，一年的访学期限届满，我以每天一两页的"龟速"也结束了这本书的翻译。

　　瓦瑟斯特罗姆教授不是从经验或实然层面描述"法官实际怎样裁判"，而是从应然角度探讨"法官该如何裁判"。作者置身于判例法的背景下，分析了遵循先例原则的法理基础与运行逻辑，同时也检讨了演绎推理程序可能存在的问题。作者对以往的裁判理论并不满意，由此他提出了一种独特的裁判理论，即"二阶证成程序"。简单地说，就是一个裁判要完成两个层次的证明，首先裁判者要证成某个裁决结论是从既定的法律规则中推导出来的，其次还要证成裁决所诉诸的这个法律规则本身是正当的。

仔细观察，不难发现，二阶证成程序融合了演绎与衡平的要素。与单纯的演绎不同，二阶证成程序增加了一个对推理前提本身合理性的论证。与衡平论证相比，二阶证成程序并不是直接依靠道德论证推导出判决结果。这种独特裁判程序的意义，在于它能够同时兼顾"依法裁判"与"个案正义"。对于解决当下法律实践中的裁判难题来说，这种理论仍然不过时，有当代的方法论意义。

本书虽然名以《法官如何裁判》，但它并不传授具体的裁判技艺。而是从法哲学或法理论的高度，阐释法官在法体系的框架下如何寻求个案公正的判决之道。瓦瑟斯特罗姆是一位哲学教授，他在而立之年写下了这本历经岁月考验的经典作品，我在而立之年翻译了这部著作，也算是命运中的巧合。

翻译过程中遇到一些难题，百思不得其解，第一反应是想求助作者本人。说实话，当时并不确定教授本人是否还在世。于是尝试给教授退休前的学院工作信箱写信，没想到第二天就收到了回信，他细致、耐心地解答了我的问题，这让我十分振奋。他告诉我，自己的儿子就是研究中国近代史的学者，希望将来本书出版后我能够寄给他一本，他让儿子用中文念给他听。

后来过了半年之久，本书中译本由中国法制出版社出版，我再次写信给教授，索要地址，想把中译本寄给他。我连续去信两封，可是再也没有收到教授的回信。不知道年逾八十高龄的教授是否一切安好。

中译本上市后，颇受读者欢迎，先后印刷多次，一度绝版脱销。感谢北京麦读文化有限责任公司曾健先生的一片美意，承蒙中国民主法制出版社的关照，使得本书能够再次有机会修订出版。

本书修订过程中，除了修改了一些表述和错别字，还对个别术语进行了调整。比如，之前译本将"justification"翻译为"证明"或"论证"，此次统一修订为"证成"。感谢中国政法大学的博士生肖毅和秦朝阳，他们通读了全书，对部分译文提出了一些具有建设性的修改意见。感谢编辑张亮老师，他细心、专业的编校工作使本书增色不少。

此外，感谢浙江工商大学法学院的韩振文教授，他曾专门为本译著撰写述评，并指出了译文中存在的一些问题，本次修订也吸纳了他的意见。

本人对译文中的所有可能错误承担责任。也诚邀读者朋友提出批评意见。

孙海波

2024 年 10 月 15 日

于德国马普研究所

图书在版编目（CIP）数据

法官如何裁判 /（美）理查德·瓦瑟斯特罗姆著 ；
孙海波译. -- 北京 : 中国民主法制出版社，2025. 5.

ISBN 978-7-5162-3814-1

Ⅰ. D915.182.04

中国国家版本馆 CIP 数据核字第 2024M6S824 号

THE JUDICIAL DECISION: Toward a Theory of Legal Justification by Richard A. Wasserstrom by Stanford University Press, Stanford, California and London: Oxford University Press, © 1961 by the Board of Trustees of the Leland Stanford Junior University.

本书中文简体版经过版权所有人授权北京麦读文化有限责任公司,由中国民主法制出版社出版。

著作权合同登记号 01-2025-2280

图书出品人：刘海涛
图 书 策 划：麦　读
责 任 编 辑：庞贺鑫　袁　月
文 字 编 辑：张　亮　靳振国

书名/法官如何裁判
作者/[美] 理查德·瓦瑟斯特罗姆（Richard A. Wasserstrom）
译者/孙海波

出版·发行/中国民主法制出版社
地址/北京市丰台区右安门外玉林里 7 号（100069）
电话/（010）63055259（总编室）　　63058068　63057714（营销中心）
传真/（010）63055259
http：//www.npcpub.com
E-mail：mzfz@npcpub.com
经销/新华书店
开本/32 开　880 毫米×1230 毫米
印张/9.5　**字数/**180 千字
版本/2025 年 6 月第 1 版　2025 年 6 月第 1 次印刷
印刷/北京天宇万达印刷有限公司

书号/ISBN 978-7-5162-3814-1
定价/79.00 元
出版声明/版权所有，侵权必究